Dr. Oetker

NUR FÜR
MÄDELS
DRINKS

Dr. Oetker

NUR FÜR MÄDELS DRINKS

Dr. Oetker Verlag

Tolle Ideen
DRINKS NUR FÜR UNS

Coole Partynacht
oder langer Mädelsabend –
mit frisch gemixten Drinks
und Fingerfood
kann man die Zeit
wunderbar vergessen.
Einfach mit den besten
Freundinnen ausprobieren!

Cocktails &
LONGDRINKS

Feiert die nächste Party doch
mal mit Hugo, Pink Lady,
Scarlett O'Hara
und Pussy Cat.
Bringen tolle Stimmung
und machen richtig Spaß.
Die dürfen die ganze Nacht bleiben!

PIMM'S NO. 1

FÜR 1 GLAS
♥

ZUBEREITUNGSZEIT
5 Minuten

ZUTATEN
5 cl Pimm's No. 1
einige Eiswürfel
Zitronenlimonade
oder Ginger Ale

1 Bio-Zitronenspalte
(unbehandelt,
ungewachst)
¼ Gurkenscheibe

1 Holzspieß
(Schaschlikspieß)

Nährwerte pro Glas: Eiweiß: 0 g, Fett: 0 g, Kohlenhydrate: 25 g, Kilojoule: 742, Kilokalorien: 180, BE: 2,0

1 Pimm's No. 1 in ein zur Hälfte mit Eiswürfeln gefülltes Glas gießen, mit gekühlter Zitronenlimonade oder Ginger Ale auffüllen. **2** Zitrone und Gurke auf den Holzspieß stecken und den Drink damit garnieren.

Tipp: Pimm's No. 1 ist eine Ginspezialität bestehend aus Kräutern, Fruchtextrakten und Chinin.

MAI TAI

(OHNE FOTO)

FÜR 1 GLAS
♥

ZUBEREITUNGSZEIT
5 Minuten

ZUTATEN
1 Bio-Limette
(unbehandelt,
ungewachst)
etwas grob
zerstoßenes Eis

6 cl brauner Rum
2 cl Orangenlikör
1 cl Zuckersirup
1 cl Zitronensaft
1 cl Mandelsirup
einige Eiswürfel

1 Cocktailkirsche
1 Stängel Minze

Nährwerte pro Glas: Eiweiß: 0 g, Fett: 0 g, Kohlenhydrate: 26 g, Kilojoule: 1231, Kilokalorien: 294, BE: 2,0

1 Limette heiß abwaschen, abtrocknen, vierteln und über einem zur Hälfte mit zerstoßendem Eis gefüllten Longdrinkglas auspressen. Einige Limettenstücke in das Glas geben. Rum, Likör, Zuckersirup, Saft, Mandelsirup und einige Eiswürfel in einem Shaker kräftig schütteln. **2** Den Drink durch ein Barsieb in das Longdrinkglas abseihen, kurz umrühren, mit der Cocktailkirsche und dem abgespülten, trocken getupften Minzestängel servieren.

TITELREZEPT

PINK LADY

(IM FOTO LINKS)

FÜR 1 GLAS ♥	**ZUTATEN**	150 ml Tonic Water
	2 cl Ramazzotti	1–2 Bio-Limettenscheiben
ZUBEREITUNGSZEIT	Aperitivo Rosato	(unbehandelt,
5 Minuten	50 ml Pink-Grapefruitsaft	ungewachst)
	einige Eiswürfel	evtl. 1 Stirrer (Rührstab)

Nährwerte pro Glas: Eiweiß: 0 g, Fett: 0 g, Kohlenhydrate: 21 g, Kilojoule: 428, Kilokalorien: 114, BE: 2,0

1 Aperitivo Rosato mit dem Grapefruitsaft in einem Shaker schütteln, dann in ein mit Eiswürfeln gefülltes Glas gießen und mit Tonic Water auffüllen.

2 Den Drink mit den abgespülten und trocken getupften Bio-Limettenscheiben und nach Belieben dem Stirrer servieren.

PUSSY CAT

(IM FOTO MITTIG & RECHTS)

FÜR 1 GLAS	ZUTATEN	einige Eiswürfel	1 klein geschnittene
♥	2 cl Grenadinesirup	10 cl kalter	Bio-Orangenscheibe
	4 cl Orangensaft	alkoholfreier Sekt	(unbehandelt,
ZUBEREITUNGSZEIT	4 cl Ananassaft		ungewachst)
5 Minuten			

Nährwerte pro Glas: Eiweiß: 1 g, Fett: 0 g, Kohlenhydrate: 27 g, Kilojoule: 499, Kilokalorien: 119, BE: 2,5

1 Grenadine mit den Säften in einem zur Hälfte mit Eiswürfeln gefülltem Longdrinkglas gut verrühren.

2 Sekt hinzugießen und den Drink nach Belieben mit der Orangenscheibe garniert servieren.

LADIES NIGHT

HAUSBAR-CLOU

FÜR 1 GLAS
♥

ZUBEREITUNGSZEIT
5 Minuten

ZUTATEN
2 cl Weinbrand
2 cl Curaçao Triple sec

1 Spritzer Angostura
Bitter
Sekt

½ Bio-Orangenscheibe
(unbehandelt,
ungewachst)

Nährwerte pro Glas: Eiweiß: 0 g, Fett: 0 g, Kohlenhydrate: 12 g, Kilojoule: 887, Kilokalorien: 212, BE: 1,0

1 Weinbrand mit Curaçao und Angostura in einem Sektglas gut verrühren. **2** Das Glas mit gut gekühltem Sekt auffüllen. **3** Den Glasrand mit einer Orangenscheibe garnieren und den Drink servieren.

MOJITO
(OHNE FOTO)

FÜR 1 GLAS
♥

ZUBEREITUNGSZEIT
10 Minuten

ZUTATEN
2 TL Puderzucker oder
1 cl Zuckersirup
6 cl weißer Rum

Saft von ½ Limette
6–8 Minzeblättchen
einige Eiswürfel oder
grob zerstoßenes Eis

etwas Sodawasser

einige Minzeblättchen

Nährwerte pro Glas: Eiweiß: 0 g, Fett: 0 g, Kohlenhydrate: 9 g, Kilojoule: 792, Kilokalorien: 189, BE: 1,0

1 Puderzucker oder Zuckersirup mit Rum und Limettensaft in ein Longdrinkglas oder einen Tumbler (Becherglas) geben und verrühren, bis der Zucker oder Sirup sich gelöst hat. Abgespülte und trocken getupfte Minzeblättchen darin etwas zerdrücken. Eiswürfel oder grob zerstoßenes Eis hinzufügen und verrühren. **2** Das Glas oder den Tumbler mit gekühltem Sodawasser auffüllen. Den Drink mit abgespülten und trocken getupften Minzeblättchen garnieren.

♥ RICHTIG SCHÖN GRÜN

Green
GARUDA

FÜR 1 GLAS ♥	ZUTATEN	2 cl Pisang Ambon (exotischer Frucht-Kräuterlikör)	etwas zerstoßenes Eis
	etwas Zitronensaft		Zitronenlimonade
ZUBEREITUNGSZEIT	etwas gelber Zucker	4 cl weißer Rum	
5 Minuten			

Nährwerte pro Glas: Eiweiß: 0 g, Fett: 0 g, Kohlenhydrate: 19 g, Kilojoule: 896, Kilokalorien: 214, BE: 2,0

1 Den Rand eines Cocktailglases zuerst in Zitronensaft, dann in Zucker tauchen. **2** Pisang Ambon, Rum und etwas zerstoßenes Eis in einem Rührglas gut verrühren. Den Drink durch ein Barsieb in das vorbereitete Cocktailglas abseihen und mit gekühlter Limonade auffüllen.

Green
POISON (OHNE FOTO)

FÜR 1 GLAS ♥	ZUTATEN	10 cl Maracujanektar	1 Holzspieß
	4 cl Kokoslikör	einige Eiswürfel	(Schaschlikspieß)
ZUBEREITUNGSZEIT	2 cl Wodka	1 Bio-Zitronenscheibe	
5 Minuten	2 cl Blue Curaçao	(unbehandelt,	
	2 cl Zitronensaft	ungewachst)	

Nährwerte pro Glas: Eiweiß: 0 g, Fett: 0 g, Kohlenhydrate: 31 g, Kilojoule: 1136, Kilokalorien: 271, BE: 2,5

1 Likör, Wodka, Curaçao, Saft, Nektar und einige Eiswürfel in einem Shaker kräftig schütteln. Den Drink durch ein Barsieb in ein zur Hälfte mit Eiswürfeln gefülltes Longdrinkglas abseihen. Zitronenscheibe auf den Holzspieß stecken und über den Glasrand legen.

Kumquats
CAIPIRINHA

FÜR 1 GLAS ♥ ZUBEREITUNGSZEIT 5 Minuten	ZUTATEN 6 Kumquats (Zwergorangen)	½ Bio-Limette (unbehandelt, ungewachst)	2 TL brauner Zucker (Rohrzucker) 2 cl Lime Juice etwas crushed ice 5 cl Cachaça

Nährwerte pro Glas: Eiweiß: 1 g, Fett: 1 g, Kohlenhydrate: 30 g, Kilojoule: 1091, Kilokalorien: 260, BE: 2,5

1 Kumquats und Limette heiß abwaschen und abtrocknen. Die Kumquats halbieren. Die Limettenhälfte achteln. **2** Die Kumquathälften und Limettenachtel in einen Tumbler (Becherglas) geben. Den braunen Zucker und den Lime Juice hinzugeben und mit einem Stößel gut zerdrücken. **3** Anschließend das Glas mit crushed ice auffüllen. Cachaça darübergießen und alles gut verrühren.

SUMMER
DREAMING

CAIPIRINHA

FÜR 1 GLAS	ZUTATEN	2 cl Lime Juice	5 cl Cachaça
♥	1 Bio-Limette	3 geh. TL brauner Zucker	
ZUBEREITUNGSZEIT	(unbehandelt,	(Rohrzucker)	
5 Minuten	ungewachst)	etwas crushed ice	

Nährwerte pro Glas: Eiweiß: 0 g, Fett: 1 g, Kohlenhydrate: 22 g, Kilojoule: 935, Kilokalorien: 223, BE: 2,0

1 Die Limette heiß abwaschen und abtrocknen. Von der Limette die Enden abschneiden. Limette achteln und anschließend in einen Tumbler (Becherglas) geben. **2** Lime Juice hinzufügen und mit dem braunen Zucker bestreuen. Dann alles mit einem Stößel gut zerdrücken.

3 Das Glas mit dem Eis auffüllen. Cachaça hinzugießen. Drink umrühren und servieren.

Tipps: Cachaça ist ein brasilianischer Zuckerrohrschnaps, der nicht wie Rum aus Melasse, sondern aus frischem Zuckerrohr hergestellt wird.

THE DUDE'S
FAVORITE

White
RUSSIAN (IM FOTO LINKS)

FÜR 1 GLAS ♥	ZUTATEN	etwas leicht geschlagene
	4 cl Wodka	Schlagsahne
ZUBEREITUNGSZEIT	2 cl Kaffeelikör	
5 Minuten	einige Eiswürfel	

Nährwerte pro Glas: Eiweiß: 1 g, Fett: 16 g, Kohlenhydrate: 8 g, Kilojoule: 1270, Kilokalorien: 303, BE: 0,5

1 Wodka, Kaffeelikör und einige Eiswürfel in einem Rührglas gut verrühren. Den Drink durch ein Barsieb in ein kleines, gekühltes Glas abseihen. **2** Die Sahne vorsichtig auf den Drink geben.

Tipps: Der White Russian schmeckt statt mit leicht geschlagener Sahne auch mit geschäumter frischer Milch. Für einen **Black Russian** die Sahne einfach weglassen.

Smoky
MARTINI (IM FOTO RECHTS)

FÜR 1 GLAS ♥	ZUTATEN	1 cl rauchiger Malt Whisky
	4 cl Gin	einige Eiswürfel
ZUBEREITUNGSZEIT	1 cl Vermouth Dry	1 Olive
5 Minuten		

Nährwerte pro Glas: Eiweiß: 0 g, Fett: 1 g, Kohlenhydrate: 1 g, Kilojoule: 626, Kilokalorien: 149, BE: 0,0

1 Gin mit Vermouth Dry und Whisky in ein mit Eiswürfeln gefülltes Rührglas geben und schnell kalt rühren. **2** Den Drink durch ein Barsieb in ein Martiniglas abseihen. Die Olive in den Drink geben.

SÜSS & SANFT

BARRAQUITO

(IM FOTO LINKS)

FÜR 1 GLAS ♥	ZUTATEN	1 Stück Bio-Zitronenzeste	etwas Milchschaum
	1 cl gesüßte	(unbehandelt,	etwas Zimt zum
ZUBEREITUNGSZEIT	Kondensmilch	ungewachst)	Bestäuben
5 Minuten	2 cl LICOR 43	4 cl heißer starker	
		Espresso	

Nährwerte pro Glas: Eiweiß: 1 g, Fett: 1 g, Kohlenhydrate: 12 g, Kilojoule: 461, Kilokalorien: 110, BE: 1,0

1 Die Kondensmilch in ein schmales, hohes Glas geben. Den Likör vorsichtig daraufgießen, sodass sich die Schichten nicht vermischen. Abgespültes, trocken getupftes Stück Zitronenzeste daraufgeben.

2 Den heißen Espresso über einen Teelöffelrücken vorsichtig in das Glas laufen lassen. Den Milchschaum mit einem Löffel daraufschichten und mit etwas Zimt bestäuben.

PASSION FRUIT MILK 43

(IM FOTO RECHTS)

FÜR 1 GLAS ♥	ZUTATEN	2 cl Maracujanektar
	4 cl Milch	einige Eiswürfel
ZUBEREITUNGSZEIT	2 cl LICOR 43	
2 Minuten		

Nährwerte pro Glas: Eiweiß: 1 g, Fett: 1 g, Kohlenhydrate: 10 g, Kilojoule: 443, Kilokalorien: 106, BE: 1,0

1 Milch, Likör und Nektar in ein zur Hälfte mit Eiswürfeln gefülltes Longdrinkglas gießen, kurz umrühren und servieren.

Tipp: Sie können den Maracujanektar durch Mangonektar ersetzen. Für eine **Milk 43** lassen Sie den Nektar einfach weg.

HERRLICH
FRUCHTIG

WODKA-CRANBERRY (IM FOTO RECHTS)

FÜR 1 GLAS ♥	ZUTATEN	NACH BELIEBEN:
	einige Eiswürfel	3–4 Cranberrys
ZUBEREITUNGSZEIT	4 cl Wodka	1 Holzspießchen
5 Minuten	12 cl Cranberry-Saft	(Schaschlikspieß)

Nährwerte pro Glas: Eiweiß: 0 g, Fett: 0 g, Kohlenhydrate: 9 g, Kilojoule: 555, Kilokalorien: 132, BE: 1,0

1 Ein Longdrinkglas zur Hälfte mit Eiswürfeln füllen. Wodka und Saft dazugeben und gut umrühren. **2** Nach Belieben die Cranberrys auf das Holzspießchen stecken und den Drink damit garnieren.

Tipp: Dieser Drink schmeckt auch mit anderen Säften, z. B. mit Orangen- oder Kirschsaft.

WODKA-LEMON
(IM FOTO LINKS)

FÜR 1 GLAS ♥	ZUTATEN	NACH BELIEBEN:
	einige Eiswürfel	1 Scheibe von 1 Bio-
ZUBEREITUNGSZEIT	4 cl Wodka	Zitrone (unbehandelt,
5 Minuten	2 cl Zitronensaft	ungewachst)
	8–10 cl Bitter Lemon	

Nährwerte pro Glas: Eiweiß: 0 g, Fett: 0 g, Kohlenhydrate: 11 g, Kilojoule: 601, Kilokalorien: 143, BE: 1,0

1 Ein Longdrinkglas zur Hälfte mit Eiswürfeln füllen. Wodka und Zitronensaft dazugeben und gut umrühren. Anschließend Bitter Lemon hinzugießen. Nach Belieben die Zitronenscheibe vierteln und in den Drink geben.

Tipp: Anstelle von Bitter Lemon können Sie auch Tonic Water, Zitronen- oder Orangenlimonade oder auch Eistee verwenden.

0%
Alkohol

Virgin HUGO

FÜR 1 GLAS ♥	ZUTATEN	einige Eiswürfel	3–4 Minzeblättchen
	½ Bio-Limette	oder crushed ice	100 ml Mineralwasser
ZUBEREITUNGSZEIT	(unbehandelt,	3 EL Holunderblütensirup	mit Kohlensäure
5 Minuten	ungewachst)	1 TL Zitronensaft	50 ml Ginger Ale

Nährwerte pro Glas: Eiweiß: 0 g, Fett: 1 g, Kohlenhydrate: 69 g, Kilojoule: 1244, Kilokalorien: 297, BE: 6,0

1 Limettenhälfte heiß abwaschen, abtrocknen, in Stücke oder Scheiben schneiden und in ein Longdrinkglas geben. Eiswürfel oder crushed ice hinzufügen. **2** Den Holunderblütensirup in einem Becher mit dem Zitronensaft gut vermischen, anschließend in das Glas gießen. Abgespülte, trocken getupfte Minze hinzugeben. Alles mit Mineralwasser und Ginger Ale auffüllen.

Tipp: Für einen „echten" **Hugo** nur 50 ml Mineralwasser verwenden und 50 ml Ginger Ale durch 100 ml Prosecco oder Sekt ersetzen.

PIÑA COLADA
(OHNE FOTO)

FÜR 1 GLAS ♥	ZUTATEN	4 cl Schlagsahne, flüssig
	4 cl weißer Rum	etwas crushed ice
ZUBEREITUNGSZEIT	8 cl Ananassaft	
5 Minuten	2 cl Cream of Coconut	1 Stück frische Ananas

Nährwerte pro Glas: Eiweiß: 1 g, Fett: 13 g, Kohlenhydrate: 20 g, Kilojoule: 1383, Kilokalorien: 330, BE: 1,5

1 Rum, Saft, Cream of Coconut und Sahne in einem Standmixer gut durchmixen. Den Drink in ein mit crushed ice gefülltes Cocktailglas gießen, mit frischer Ananas garnieren.

Tipp: Für eine **Virgin Piña Colada** können Sie den Rum ganz einfach durch Havana Bar Sirup ersetzen. Statt Cream of Coconut nach Belieben Kokossirup verwenden.

MARGARITA

FÜR 1 GLAS ♥	**ZUTATEN** etwas Zitronensaft etwas Salz oder Zucker	3 cl Tequila 1 cl Orangenlikör 2 cl Zitronensaft einige Eiswürfel	1 Bio-Zitronenscheibe (unbehandelt, ungewachst)
ZUBEREITUNGSZEIT 5 Minuten			

Nährwerte pro Glas: Eiweiß: 0 g, Fett: 0 g, Kohlenhydrate: 9 g, Kilojoule: 557, Kilokalorien: 134, BE: 1,0

1 Den Rand einer gut gekühlten Cocktailschale zuerst in Zitronensaft, dann in Salz oder Zucker tauchen. **2** Tequila, Likör, Zitronensaft und Eiswürfel in einem Shaker kräftig schütteln. **3** Den Drink durch ein Barsieb in die Cocktailschale abseihen und mit der Zitronenscheibe garnieren.

MARTINI DRY (OHNE FOTO)

FÜR 1 GLAS ♥	**ZUTATEN** 5 cl Gin 1 cl Vermouth Dry einige Eiswürfel	1 grüne Olive, ohne Stein
ZUBEREITUNGSZEIT 5 Minuten		

Nährwerte pro Glas: Eiweiß: 0 g, Fett: 1 g, Kohlenhydrate: 1 g, Kilojoule: 633, Kilokalorien: 151, BE: 0,0

1 Gin, Vermouth Dry und einige Eiswürfel in einem Rührglas gut verrühren. Den Drink durch ein Barsieb in ein gekühltes, kleines Cocktailglas abseihen. Die Olive hinzugeben.

Tipps: Für den Cocktail unbedingt einen gekühlten Gin nehmen. Als Wermut ist der Noilly Prat ideal, auf keinen Fall einen Bianco nehmen. Den Cocktail mit Zitronenschale abspritzen.

Frozen DAIQUIRI

FÜR 1 GLAS ♥	ZUTATEN	etwas crushed ice
	6 cl weißer Rum	etwas Bio-Limettenschale
ZUBEREITUNGSZEIT	1 cl Limettensaft	(unbehandelt,
5 Minuten	2 cl Zuckersirup	ungewachst)

Nährwerte pro Glas: Eiweiß: 0 g, Fett: 1 g, Kohlenhydrate: 17 g, Kilojoule: 920, Kilokalorien: 220, BE: 1,5

1 Den Rum mit Limettensaft, Zuckersirup und crushed ice in einen Standmixer geben. Anschließend die Zutaten auf höchster Stufe durchmixen. **2** Den Drink in ein gut gekühltes Glas gießen und mit der Limettenschale garnieren. Den Frozen Daiquiri sofort servieren.

Frozen STRAWBERRY DAIQUIRI (OHNE FOTO)

FÜR 1 GLAS ♥	ZUTATEN	1 TL Zuckersirup
	6 Erdbeeren	etwas grob zerstoßenes
ZUBEREITUNGSZEIT	5 cl weißer Rum	Eis oder crushed ice
5–10 Minuten	Saft von ½ Limette	

Nährwerte pro Glas: Eiweiß: 1 g, Fett: 0 g, Kohlenhydrate: 16 g, Kilojoule: 710, Kilokalorien: 170, BE: 1,5

1 Die Erdbeeren putzen, abspülen, trocken tupfen und entstielen. Nach Belieben 1 Erdbeere mit Grün zum Garnieren beiseitelegen. Restliche Erdbeeren mit Rum, Limettensaft, Sirup und dem Eis in einen hohen Rührbecher geben und mit einem Pürierstab gut pürieren. **2** Den Drink in ein gut gekühltes Glas gießen. Den Glasrand nach Belieben mit der beiseitegelegten Erdbeere garnieren.

IPANEMA

(IM FOTO LINKS)

FÜR 1 GLAS ♥	ZUTATEN	2 cl Lime Juice	Ginger Ale
	1 Bio-Limette	2 TL brauner Zucker	
ZUBEREITUNGSZEIT	(unbehandelt,	(Rohrzucker)	etwas frische
5 Minuten	ungewachst)	grob zerstoßenes Eis	Minzeblättchen

Nährwerte pro Glas: Eiweiß: 0 g, Fett: 1 g, Kohlenhydrate: 31 g, Kilojoule: 625, Kilokalorien: 150, BE: 2,5

1 Die Limette heiß abwaschen, abtrocknen und in Achtel schneiden. Limettenachtel mit Lime Juice in ein Glas geben. **2** Die Limettenachtel mit einem Stößel zerdrücken, dann den braunen Zucker darüberstreuen. **3** Anschließend das Eis hinzugeben und das Glas mit Ginger Ale auffüllen. Den Drink umrühren und mit abgespülter, trocken getupfter Minze garnieren.

TIZIANO

(IM FOTO RECHTS)

FÜR 1 GLAS ♥	ZUTATEN	einige Eiswürfel	NACH BELIEBEN:
	10 cl kalter roter	10 cl kalter alkoholfreier	einige rote Weintrauben
ZUBEREITUNGSZEIT	Traubensaft	Sekt	1 Holzspieß
5 Minuten			(Schaschlikspieß)

Nährwerte pro Glas: Eiweiß: 0 g, Fett: 0 g, Kohlenhydrate: 21 g, Kilojoule: 387, Kilokalorien: 92, BE: 2,0

1 Den Traubensaft in ein zur Hälfte mit Eiswürfeln gefülltes Longdrinkglas geben. Anschließend den Sekt hinzugießen. **2** Nach Belieben die Weintrauben abspülen, abtropfen lassen und dann auf das Holzspießchen stecken. Das Glas mit den Trauben garnieren.

FILMREIF

SCARLETT O'HARA

FÜR 1 GLAS ♥	ZUTATEN		
	4 cl Whiskey	5 cl Cranberry-Saft	1 Physalis
ZUBEREITUNGSZEIT	1 cl Limettensaft	einige Eiswürfel	(Kapstachelbeere)
5 Minuten		5 cl Ginger Ale	

Nährwerte pro Glas: Eiweiß: 0 g, Fett: 0 g, Kohlenhydrate: 9 g, Kilojoule: 583, Kilokalorien: 139, BE: 1,0

1 Whiskey mit Säften und Eiswürfeln in einem Longdrinkglas verrühren. Ginger Ale hinzugießen und nochmals vorsichtig umrühren. **2** Die Physalis abspülen, trocken tupfen und am unteren Ende leicht einschneiden. Physalis als Garnierung auf den Glasrand stecken.

SEX ON THE BEACH
(OHNE FOTO)

FÜR 1 GLAS ♥	ZUTATEN		
	4 cl Wodka	4 cl Orangensaft	1 Scheibe von 1 Bio-
ZUBEREITUNGSZEIT	2 cl Pfirsichlikör	2 cl Ananassaft	Orange (unbehandelt,
5–10 Minuten	2 cl Grenadinesirup	einige Eiswürfel	ungewachst)

Nährwerte pro Glas: Eiweiß: 0 g, Fett: 0 g, Kohlenhydrate: 28 g, Kilojoule: 1011, Kilokalorien: 241, BE: 2,5

1 Wodka, Likör, Grenadine und Säfte mit einigen Eiswürfeln in einen Shaker geben. Die Zutaten gut schütteln. **2** Den Drink anschließend durch ein Barsieb in ein zur Hälfte mit Eiswürfeln gefülltes Longdrinkglas abseihen. **3** Den Drink mit der Orangenscheibe garnieren.

ERFRISCHEND

TROPICAL DRINK

(IM FOTO LINKS)

FÜR 1 GLAS
♥

ZUBEREITUNGSZEIT
5 Minuten

ZUTATEN
50 ml Ananassaft
50 ml Maracujasaft
50 ml Mangosaft

50 ml Pink-Grapefruitsaft
8 cl weißer Rum
einige Eiswürfel

evtl. Orangenspalten
einige Zitronenmelisse-
blättchen

Nährwerte pro Glas: Eiweiß: 1 g, Fett: 0 g, Kohlenhydrate: 21 g, Kilojoule: 1292, Kilokalorien: 309, BE: 2,0

1 Ananassaft, Maracujasaft, Mango- und Grape-fruitsaft mit dem Rum in einem Rührbecher gut vermischen, dann in ein mit Eiswürfeln gefülltes Glas gießen. **2** Den Drink nach Belieben mit einigen Orangenspalten und abgespülten, trocken getupften Zitronenmelisseblättchen garnieren.

MANGO LADY

(IM FOTO RECHTS, TITELREZEPT)

FÜR 1 GLAS	ZUTATEN	einige Eiswürfel	NACH BELIEBEN:
♥	2 cl Mangosirup	10 cl kaltes Bitter Lemon	etwas frische Mango
ZUBEREITUNGSZEIT	8 cl Orangensaft		
5 Minuten			

Nährwerte pro Glas: Eiweiß: 1 g, Fett: 0 g, Kohlenhydrate: 32 g, Kilojoule: 585, Kilokalorien: 139, BE: 2,5

1 Sirup und Saft in ein zur Hälfte mit Eiswürfeln gefülltes Longdrinkglas geben und gut verrühren.

2 Bitter Lemon hinzugießen und den Drink nach Belieben mit frischer Mango garnieren.

WALDFREUDE

FÜR 1 GLAS ♥	ZUTATEN	einige Eiswürfel	NACH BELIEBEN:
	75 g Waldbeeren (z.B.	15 cl fermentierter Kräu-	frische Minze
ZUBEREITUNGSZEIT	Erdbeeren, Himbeeren,	tertee (Kombucha)	Erdbeere mit Grün
10 Minuten	Brombeeren)		

Nährwerte pro Glas: Eiweiß: 1 g, Fett: 0 g, Kohlenhydrate: 11 g, Kilojoule: 228, Kilokalorien: 54, BE: 1,0

1 Die Waldbeeren verlesen, abspülen, abtropfen lassen und mit einem Pürierstab pürieren. Anschließend das Beerenpüree in ein Longdrinkglas geben, Eiswürfel hinzugeben und mit dem Kräutertee auffüllen. **2** Den Drink vorsichtig umrühren. Nach Belieben die Erdbeere abspülen und trocken tupfen. Den Glasrand mit der Minze und der Erdbeere garnieren.

ROTKÄPPCHEN

(OHNE FOTO)

FÜR 4 GLÄSER ♥♥♥♥	ZUTATEN	100 ml ungesüßter	einige Eiswürfel
	5–6 TL loser	Erdbeersaft	
ZUBEREITUNGSZEIT	Hagebuttentee	2–3 EL milder,	
10 Minuten, ohne Zieh-	1 l Wasser	flüssiger Honig	
und Kühlzeit			

Nährwerte pro Glas: Eiweiß: 0 g, Fett: 0 g, Kohlenhydrate: 11 g, Kilojoule: 204, Kilokalorien: 50, BE: 1,0

1 Den Hagebuttentee nach Packungsanleitung mit kochendem Wasser aufgießen und etwa 5 Minuten ziehen lassen. Anschließend durch ein Sieb abseihen, abkühlen lassen und in den Kühlschrank stellen. **2** Den kalten Hagebuttentee mit Erdbeersaft und Honig verrühren. Jeweils einige Eiswürfel in 4 Longdrinkgläsern verteilen und den Drink dazugießen.

Aperol SPRITZ (IM FOTO RECHTS)

FÜR 1 GLAS ♥	ZUTATEN	4 cl Aperol	1 Scheibe von 1 Bio-
	einige Eiswürfel	2 cl Sodawasser	Orange (unbehandelt,
ZUBEREITUNGSZEIT	6 cl Prosecco oder		ungewachst)
3 Minuten	trockener Weißwein		

Nährwerte pro Glas: Eiweiß: 0 g, Fett: 0 g, Kohlenhydrate: 16 g, Kilojoule: 650, Kilokalorien: 155, BE: 1,5

1 Einige Eiswürfel in ein Longdrinkglas geben. Erst den Prosecco oder Weißwein, dann den Aperol und zuletzt das Sodawasser hinzugießen. Die Zutaten nicht verrühren. **2** Die abgespülte und trocken getupfte Orangenscheibe halbieren und in den Drink geben.

Aperol SOUR (IM FOTO LINKS)

FÜR 1 GLAS ♥	ZUTATEN	NACH BELIEBEN:	1 Holzspieß
	5 cl Aperol	1 Scheibe von 1 Bio-	(Schaschlikspieß)
ZUBEREITUNGSZEIT	4 cl Zitronensaft	Orange (unbehandelt,	
3–5 Minuten	2 cl Zuckersirup	ungewachst)	
	4 cl Orangensaft	1 Cocktailkirsche	
	einige Eiswürfel		

Nährwerte pro Glas: Eiweiß: 1 g, Fett: 0 g, Kohlenhydrate: 35 g, Kilojoule: 894, Kilokalorien: 213, BE: 3,0

1 Die Zutaten für den Drink mit einigen Eiswürfeln in einem Shaker kräftig schütteln. **2** Nach Belieben die Orangenscheibe mit der Cocktailkirsche auf das Holzspießchen stecken. Einige Eiswürfel und das Spießchen in einen Tumbler geben. Den Drink durch ein Barsieb in das vorbereitete Glas abseihen.

LADIES LOVE IT

COSMOPOLITAN

FÜR 1 GLAS
♥

ZUBEREITUNGSZEIT
5 Minuten

ZUTATEN
4 cl Citrus Flavoured
Vodka
2 cl Orangenlikör

1 cl Preiselbeersirup
4 cl Preiselbeersaft
einige Eiswürfel

1 Stück und 1 Scheibe Bio-
Limette (unbehandelt,
ungewachst)

Nährwerte pro Glas: Eiweiß: 0 g, Fett: 0 g, Kohlenhydrate: 16 g, Kilojoule: 835, Kilokalorien: 199, BE: 1,5

1 Citrus Flavoured Vodka, Orangenlikör, Preisel-
beersirup, 2 cl Preiselbeersaft und Eiswürfel in einem
Shaker kräftig schütteln. Den Drink durch ein
Barsieb in eine vorgekühlte Cocktailschale abseihen.

2 Restlichen Preiselbeersaft hinzugießen, sodass der
Saft auf den Boden der Schale sinkt. Den Drink mit
dem vorbereiteten Limettenstück abspritzen und mit
der Limettenscheibe garnieren.

MEXICAN SNOWBALL (OHNE FOTO)

FÜR 1 GLAS
♥

ZUBEREITUNGSZEIT
5 Minuten

ZUTATEN
2 cl Tequila
2 cl Kaffeelikör
1 cl Schlagsahne, flüssig

1 cl Cream of Coconut
oder Kokossirup
einige Eiswürfel

etwas Raspelschokolade
1 Physalis (Kapstachel-
beere)

Nährwerte pro Glas: Eiweiß: 1 g, Fett: 5 g, Kohlenhydrate: 18 g, Kilojoule: 829, Kilokalorien: 199, BE: 1,5

1 Tequila, Likör, Sahne, Cream of Coconut oder
Kokossirup und Eiswürfel in einem Standmixer gut
durchmixen. **2** Den Drink durch ein Barsieb in
ein gut gekühltes Cocktailglas abseihen. **3** Mexican
Snowball mit Schokolade bestreuen und mit der
abgespülten, trocken getupften Physalis garnieren.

SWIMMING POOL

FÜR 1 GLAS ♥	ZUTATEN		
	3 cl Wodka	2 cl Schlagsahne, flüssig	evtl. 1 Ananasstück (frisch
ZUBEREITUNGSZEIT	4 cl Kokoslikör	10 cl Ananassaft	oder aus der Dose)
5–10 Minuten	1 cl Blue Curaçao	einige Eiswürfel	

Nährwerte pro Glas: Eiweiß: 1 g, Fett: 6 g, Kohlenhydrate: 25 g, Kilojoule: 1273, Kilokalorien: 303, BE: 2,0

1 Wodka mit Likör, Curaçao, Sahne, Ananassaft und Eiswürfeln in einem Shaker kräftig schütteln.
2 Den Drink durch ein Barsieb in ein zur Hälfte mit Eiswürfeln gefülltes Longdrinkglas abseihen, nach Belieben mit dem Ananasstück garnieren.

Tipp: Shaken Sie den Blue Curaçao nicht mit und gießen Sie ihn erst auf den fertigen Drink. So vermischt er sich langsam mit den restlichen Zutaten.

0%
Alkohol

KORALLENRIFF (OHNE FOTO)

FÜR 1 GLAS ♥	ZUTATEN		
	2 cl Blue Curaçao Sirup	6 cl Maracujanektar	evtl. 1 Ananasstück,
ZUBEREITUNGSZEIT	2 cl Grapefruitsaft	einige Eiswürfel	1 Holzspieß
5–10 Minuten	8 cl Ananassaft		(Schaschlikspieß)

Nährwerte pro Glas: Eiweiß: 1 g, Fett: 0 g, Kohlenhydrate: 24 g, Kilojoule: 445, Kilokalorien: 106, BE: 2,0

1 Sirup, Grapefruit-, Ananassaft, Maracujanektar und Eiswürfel in einem Shaker kräftig schütteln. Den Drink durch ein Barsieb in ein zur Hälfte mit Eiswürfeln gefülltes Longdrinkglas abseihen. **2** Nach Belieben ein Ananasstück auf ein Holzstäbchen stecken. Das Getränk damit garnieren.

Tipp: Blue Curaçao Sirup ist die alkoholfreie Variante des Likörs Blue Curaçao. Nach Belieben können Sie die alkoholfreie Variante durch den Likör ersetzen.

EIN KLASSIKER

JÄGERMEISTER-O
(IM FOTO RECHTS)

FÜR 1 GLAS ♥	ZUTATEN		
	4 cl Jägermeister	1 Scheibe von 1 Bio-Orange (unbehandelt, ungewachst)	1 Holzspieß (Schaschlikspieß)
ZUBEREITUNGSZEIT	12 cl Orangensaft		
3 Minuten	einige Eiswürfel		

Nährwerte pro Glas: Eiweiß: 1 g, Fett: 0 g, Kohlenhydrate: 15 g, Kilojoule: 636, Kilokalorien: 152, BE: 1,5

1 Jägermeister und Orangensaft in ein zur Hälfte mit Eiswürfeln gefülltes Longdrinkglas gießen, umrühren. **2** Die Orangenscheibe auf das Spießchen stecken. Den Drink damit garnieren.

Tipps: Verfeinern Sie Ihren Drink nach Belieben mit 1–2 cl Grenadine, dann nur 10–11 cl Orangensaft verwenden. Für einen **Jägermeister Cola** den Orangensaft durch Cola ersetzen.

JÄGERMEISTER ENERGY
(IM FOTO LINKS)

FÜR 1 GLAS ♥	ZUTATEN		
	einige Eiswürfel	etwa 200 ml Energy-Drink	1 Scheibe von 1 Bio-Zitrone (unbehandelt, ungewachst)
ZUBEREITUNGSZEIT	3 cl Jägermeister		
2–3 Minuten	2 cl Zitronensaft		

Nährwerte pro Glas: Eiweiß: 0 g, Fett: 0 g, Kohlenhydrate: 26 g, Kilojoule: 712, Kilokalorien: 170, BE: 2,0

1 Ein Longdrinkglas zur Hälfte mit Eiswürfeln füllen. Jägermeister und Zitronensaft dazugeben und gut umrühren. **2** Den Energy-Drink hinzugießen. Nach Belieben den Drink anschließend mit einer Zitronenscheibe garnieren.

Tipp: Sie können den Zitronensaft auch einfach weglassen.

LONG ISLAND ICE TEA (IM FOTO RECHTS)

FÜR 1 GLAS
♥

ZUBEREITUNGSZEIT
5 Minuten

ZUTATEN
einige Eiswürfel
2 cl Wodka
2 cl weißer Rum
2 cl Tequila

2 cl Gin
2 cl Curaçao Triple Sec
3 cl Limetten- oder
Zitronensaft
kalte Cola

1 Physalis
(Kapstachelbeere)

Nährwerte pro Glas: Eiweiß: 0 g, Fett: 0 g, Kohlenhydrate: 23 g, Kilojoule: 1411, Kilokalorien: 336, BE: 2,0

1 Ein Longdrinkglas zur Hälfte mit Eiswürfeln füllen. Wodka, Rum, Tequila, Gin, Curaçao und Limetten- oder Zitronensaft darübergießen. **2** Das Glas mit Cola auffüllen. Den Drink leicht umrühren und mit der Physalis garnieren.

Tipp: Curaçao Triple Sec gibt es sowohl als klare Variante als auch in verschiedenen Farben.

JASMINTEA VODKA (IM FOTO LINKS)

FÜR 1 GLAS
♥

ZUBEREITUNGSZEIT
10 Minuten, ohne
Zieh- und Abkühlzeit

ZUTATEN
2 TL loser Jasmintee
5 cl kochendes Wasser
5 cl Wodka

AUSSERDEM:
1 Olive

Nährwerte pro Glas: Eiweiß: 0 g, Fett: 1 g, Kohlenhydrate: 0 g, Kilojoule: 520, Kilokalorien: 124, BE: 0,0

1 Den Tee mit dem Wasser angießen, 5–6 Minuten ziehen lassen, dann durch ein Sieb abseihen, um etwa die Hälfte einkochen und dann abkühlen lassen. **2** Vom kalten Teesud 2 cl abmessen. Wodka und Teesud in einem mit Eiswürfeln gefüllten Rührglas schnell kalt rühren. Die Zutaten durch ein

Barsieb in ein Cocktailglas abseihen und die Olive hineingeben.

Tipp: Anstelle der Olive können Sie ein Stück abgespülte, trocken getupfte Bio-Zitronenschale (unbehandelt, ungewachst) verwenden.

Smoothies,
SHAKES & LASSIS

Spinat, Grünkohl und Rote Bete
sind so gesund!
Und Himbeeren, Weintrauben
oder Mango
süße Bestandteile der Ernährung.
Vitamine lassen sich auch
hervorragend trinken.

BEEREN-NUSS-
Smoothie (IM FOTO RECHTS)

FÜR 2 GLÄSER ♥♥	ZUTATEN	2 EL Cashewmus	einige Zitronenmelisse-
	300 g Brombeeren	Cayennepfeffer	blättchen
ZUBEREITUNGSZEIT	100 ml Ananassaft	4 EL Ahornsirup	
10 Minuten	300 g Buttermilch		

Nährwerte pro Glas: Eiweiß: 12 g, Fett: 15 g, Kohlenhydrate: 54 g, Kilojoule: 1720, Kilokalorien: 410, BE: 4,5

1 Brombeeren abspülen, gut trocken tupfen. Einige Beeren beiseitelegen. Restliche Beeren mit Ananassaft und Buttermilch in einem Standmixer cremig pürieren. Den Smoothie mit Cashewmus, Cayennepfeffer und Ahornsirup abschmecken.
2 Smoothie mit abgespülten, trocken getupften Zitronenmelisseblättchen und den beiseitegelgten Brombeeren garnieren.

HIMBEER-SHARON-
Smoothie (IM FOTO LINKS)

FÜR 2 GLÄSER ♥♥	ZUTATEN	50 g goldbraun geröstete,	Bourbon-Vanille
	1 Sharonfrucht	gehobelte Mandeln	aus der Mühle
ZUBEREITUNGSZEIT	200 g TK-Himbeeren	100 g Seidentofu	evtl. etwas Reissirup
5 Minuten		100 ml Wasser	

Nährwerte pro Glas: Eiweiß: 9 g, Fett: 15 g, Kohlenhydrate: 14 g, Kilojoule: 1057, Kilokalorien: 252, BE: 1,0

1 Sharonfrucht abspülen, abtrocknen, schälen und den Blütenansatz entfernen. Sharonfrucht in Stücke schneiden, mit gefrorenen Himbeeren, Mandeln, Tofu und Wasser in einem Standmixer cremig pürieren. Smoothie mit Vanille und nach Belieben etwas Reissirup abschmecken.

Tipp: Die orangefarbene Sharonfrucht ist eine Zuchtform der Kaki. Sie hat ein festeres Fruchtfleisch, das auch milder als das der Kaki schmeckt. Man kann die Früchte mit Schale essen. Sehr weiche Früchte einfach halbieren und das Fruchtfleisch mit einem Löffel auskratzen.

THAI-SALAT-
Smoothie (IM FOTO HINTEN)

FÜR 2 GLÄSER ♥♥	ZUTATEN	Saft von ½ Limette	1 Kiwi
	1 kleines Kopfsalat-Herz	100 g Joghurt (3,5 % Fett)	3 gestr. TL
ZUBEREITUNGSZEIT	4 Stängel Rucola (Rauke)	200 ml Wasser	Matachatee-Pulver
10 Minuten	1 Avocado	2 Stängel Thai-Basilikum	3 EL Apfeldicksaft

Nährwerte pro Glas: Eiweiß: 6 g, Fett: 25 g, Kohlenhydrate: 29 g, Kilojoule: 1665, Kilokalorien: 398, BE: 2,5

1 Salate abspülen, abtropfen lassen und grob zupfen. Avocado halbieren, entsteinen. Das Fruchtfleisch aus der Schale lösen, mit Limettensaft, Salaten, Joghurt und Wasser in einem Standmixer fein pürieren. **2** Basilikum abspülen, trocken tupfen und die Blättchen von den Stängeln zupfen. Kiwi schälen, halbieren, mit Basilikum und Matchatee untermixen, dann mit Apfeldicksaft abschmecken.

GREEN GARDEN
(IM FOTO VORN)

FÜR 2 GLÄSER ♥♥	ZUTATEN	2 Spitzen junge	1 Banane
	½ Bund Kerbel	Brennnessel	1 Apfel oder Birne (Bio)
ZUBEREITUNGSZEIT	1 Handvoll Brunnenkresse	2 Blätter Sauerampfer	300 ml Wasser
15 Minuten		¼ Zitrone	evtl. crushed ice

Nährwerte pro Glas: Eiweiß: 1 g, Fett: 0 g, Kohlenhydrate: 19 g, Kilojoule: 386, Kilokalorien: 92, BE: 1,5

1 Kerbel, Brunnenkresse, Brennnessel und Sauerampfer abspülen, trocken tupfen und grob schneiden. Zitrone und Banane schälen. **2** Apfel oder Birne abspülen, Stiel und Blütenansatz entfernen. Apfel oder Birne (mit Kerngehäuse), Zitrone und Banane in grobe Stücke schneiden. Die Zutaten mit dem Wasser in einem Standmixer fein pürieren. Nach Belieben auf crushed ice servieren.

„LASSI" ERDBEER-MANGO

(IM FOTO LINKS)

FÜR 2 GLÄSER ♥♥	ZUTATEN 200 g Erdbeeren	2 Stängel Zitronenverbene
ZUBEREITUNGSZEIT	1 reife Mango	oder Zitronenmelisse
10 Minuten	200 ml Mandeldrink	etwas Stevia-Streusüße

Nährwerte pro Glas: Eiweiß: 3 g, Fett: 4 g, Kohlenhydrate: 28 g, Kilojoule: 741, Kilokalorien: 177, BE: 2,5

1 Erdbeeren putzen, abspülen, gut abtropfen lassen und entstielen. Mango schälen, das Fruchtfleisch vom Stein schneiden und klein schneiden. **2** Erdbeeren, Mango und Mandeldrink in einem Standmixer cremig pürieren. **3** Kräuterstängel abspülen, trocken tupfen und 2 Spitzen beiseitelegen. Restliche Blättchen von den Stängeln zupfen, in den Mixer geben und untermixen. „Lassi" mit Stevia abschmecken und mit Zitronenverbene oder Zitronenmelisse garnieren.

1001-NACHT-LASSI (IM FOTO RECHTS)

FÜR 2 GLÄSER
♥ ♥

ZUBEREITUNGSZEIT
5 Minuten

ZUTATEN
50 g geröstete
Pistazienkerne
4 getrocknete Datteln
1–2 grüne
Kardamomkapseln

300 g Joghurt
(3,5 % Fett)
200 ml Mineralwasser
mit Kohlensäure
einige Tropfen
Rosenwasser

2 EL flüssiger Honig
6 Eiswürfel

evtl. Rosenblätter
(ungespritzt) und
Minzeblättchen

Nährwerte pro Glas: Eiweiß: 11 g, Fett: 20 g, Kohlenhydrate: 35 g, Kilojoule: 1547, Kilokalorien: 369, BE: 3,0

1 Die Pistazien mit den Datteln grob hacken. Kardamomsamen aus den Kapseln lösen. Alles mit Joghurt und Mineralwasser in einem Mixer mixen, mit Rosenwasser und Honig abschmecken. Lassi in mit Eiswürfeln gefüllte Gläser gießen, mit vorbereiteten Rosenblättern und Minze garnieren.

♥ **VEGAN**

ORANGEN-BANANEN-COCKTAIL

(IM FOTO HINTEN)

FÜR 1 GLAS ♥	**ZUTATEN**	150 ml frisch gepresster
	1 kleine Banane	Orangensaft
ZUBEREITUNGSZEIT	(etwa 100 g Fruchtfleisch)	evtl. 1–2 Eiswürfel
5 Minuten	1 Kiwi (etwa 50 g)	

Nährwerte pro Glas: Eiweiß: 3 g, Fett: 1 g, Kohlenhydrate: 37 g, Kilojoule: 749, Kilokalorien: 179, BE: 3,0

1 Banane und Kiwi schälen, beides in kleine Stücke schneiden. Bananen- und Kiwistücke mit dem Orangensaft in einem Rührbecher so lange pürieren, bis ein farblich einheitlicher Drink entsteht. **2** Nach Belieben die Eiswürfel in ein Glas geben und mit dem Drink auffüllen.

Tipp: Richtig satt macht der Orangen-Bananen-Cocktail, wenn Sie 2–3 Esslöffel Schmelzflocken unter den fertigen Drink rühren. Statt Orangen- schmeckt auch Grapefruit- oder Blutorangensaft.

ERDBEER-MANDEL-
Smoothie **(IM FOTO RECHTS)**

FÜR 1 GLAS ♥	**ZUTATEN**	1 EL Zitronensaft
	150 g Erdbeeren	gem. Zimt
ZUBEREITUNGSZEIT	200 ml kalter Mandeldrink	
5 Minuten	1 TL Voll-Rohrzucker	

Nährwerte pro Glas: Eiweiß: 3 g, Fett: 5 g, Kohlenhydrate: 24 g, Kilojoule: 671, Kilokalorien: 160, BE: 2,0

1 Die Erdbeeren putzen, abspülen, gut abtropfen lassen und entstielen. **2** Den Mandeldrink mit Zucker, Zitronensaft, etwas Zimt und den Erdbeeren in einen Rührbecher geben und alles kurz pürieren. Smoothie in ein Glas gießen.

*(Das Rezept für den **Petersilien-Soja-Smoothie** – im Foto vorn – finden Sie auf Seite 58.)*

VEGAN

MANGO-REIS-
Smoothie

FÜR 2 GLÄSER ♥♥	ZUTATEN	
	1 Banane	200 ml kalter Reisdrink
ZUBEREITUNGSZEIT	150 g Mango-	1–2 EL Zitronensaft
10 Minuten	Fruchtfleisch	

Nährwerte pro Glas: Eiweiß: 1 g, Fett: 1 g, Kohlenhydrate: 29 g, Kilojoule: 582, Kilokalorien: 139, BE: 2,5

1 Banane schälen und in Scheiben schneiden. Mango-Fruchtfleisch vom Stein schneiden, schälen und das Fruchtfleisch in Stücke schneiden.

2 Bananenscheiben mit Mangostücken, Reisdrink und Zitronensaft in einen Rührbecher geben und mit einem Pürierstab pürieren, in 2 Gläser füllen.

PETERSILIEN-SOJA-
Smoothie
(IM FOTO SEITE 57 VORN)

FÜR 1 GLAS ♥	ZUTATEN		gem. Kreuzkümmel
	½ Bund Petersilie	2 TL Hafer-	(Cumin)
ZUBEREITUNGSZEIT	200 g Bio-Salatgurke	Schmelzflocken	
5 Minuten	200 ml kalter Sojadrink	Salz	
		gem. Pfeffer	

Nährwerte pro Glas: Eiweiß: 9 g, Fett: 3 g, Kohlenhydrate: 14 g, Kilojoule: 513, Kilokalorien: 122, BE: 1,0

1 Petersilie abspülen und trocken tupfen. Die Blättchen von den Stängeln zupfen. Gurke abspülen, abtrocknen und nach Belieben schälen. Von der Salatgurke das Ende abschneiden, dann die Gurke in Scheiben schneiden. **2** Sojadrink mit Schmelzflocken, Salz, Pfeffer, Kreuzkümmel, Petersilie und Gurkenscheiben in einem Rührbecher kurz pürieren. Smoothie in ein Glas füllen.

♥
VEGAN

SESAM-BANANEN-„LASSI"
(IM FOTO HINTEN)

FÜR 2 GLÄSER ♥♥	**ZUTATEN**	2 Bananen
	2 EL Sesamsamen, geschält	200 ml Kokosmilch
ZUBEREITUNGSZEIT	1 EL Voll-Rohrzucker	300 ml Reisdrink
20 Minuten, ohne Abkühlzeit	3–4 Stängel Koriander	

Nährwerte pro Glas: Eiweiß: 5 g, Fett: 10 g, Kohlenhydrate: 60 g, Kilojoule: 1553, Kilokalorien: 370, BE: 5,0

1 Sesamsamen in einer Pfanne ohne Fett unter Wenden rösten, dann in einem Mörser mit dem Zucker zerstoßen, abkühlen lassen. **2** Koriander abspülen, trocken tupfen, 2 Stängel beiseitelegen. Von den restlichen Stängeln die Blättchen abzupfen. Bananen schälen, klein schneiden, mit Koriander, Kokosmilch und Reisdrink cremig pürieren. „Lassi" mit Sesamzucker und Koriander garnieren.

Tipp: Kokosmilch und Reisdrink durch 500 ml Reis-Kokosdrink ersetzen.

BANANEN-KEFIR **(IM FOTO VORN)**

FÜR 2 GLÄSER ♥♥	**ZUTATEN**	100 ml Mineralwasser mit Kohlensäure	2–4 EL Zitronen- oder Limettensaft
	2 Bananen		
ZUBEREITUNGSZEIT	400 ml Kefir (1,5 % Fett)	2–4 EL Sanddornsaft (ungesüßt)	evtl. Minzeblättchen zum Garnieren
5 Minuten			

Nährwerte pro Glas: Eiweiß: 8 g, Fett: 8 g, Kohlenhydrate: 29 g, Kilojoule: 1019, Kilokalorien: 243, BE: 2,5

1 Bananen schälen, grob schneiden und mit den restlichen Zutaten in einem Mixer cremig pürieren.

2 Nach Belieben Minzeblättchen abspülen, trocken tupfen und den Bananen-Kefir damit garnieren.

VEGAN

RÖMER-SMOOTHIE (IM FOTO LINKS)

FÜR 2 GLÄSER ♥♥	**ZUTATEN**	300 ml Kokoswasser
	1 kleines Römersalat-Herz	1 EL geschroteter
ZUBEREITUNGSZEIT	4 Radieschen mit Grün	Leinsamen
15 Minuten	1 Bio-Apfel	einige Eiswürfel

Nährwerte pro Glas: Eiweiß: 3 g, Fett: 3 g, Kohlenhydrate: 12 g, Kilojoule: 399, Kilokalorien: 95, BE: 1,0

1 Römersalat abspülen und abtropfen lassen. Radieschen mit Grün putzen, gründlich abspülen und trocken tupfen. Apfel abspülen, abtrocknen, Stiel und Blütenansatz entfernen. Apfel mit Kerngehäuse, Radieschen und Salat grob schneiden, mit dem Kokoswasser in einem Standmixer pürieren, den Leinsamen unterrühren. Römer-Smoothie in mit Eiswürfeln gefüllte Gläser gießen.

SMOOTHIE SELLERIE-FENCHEL

(IM FOTO RECHTS)

FÜR 2 GLÄSER ♥♥	ZUTATEN	1 grüner Bio-Apfel	evtl. einige Eiswürfel
	300 g Staudensellerie	100 g Rucola (Rauke)	
ZUBEREITUNGSZEIT	1 Fenchelknolle (300 g)	Salz	
15 Minuten	1 Chicorée	2 EL Olivenöl	

Nährwerte pro Glas: Eiweiß: 4 g, Fett: 11 g, Kohlenhydrate: 14 g, Kilojoule: 759, Kilokalorien: 182, BE: 1,0

1 Sellerie, Fenchel und Chicorée putzen, abspülen und abtropfen lassen. Die Zutaten in grobe Stücke schneiden. Apfel gründlich abspülen, abtrocknen, entkernen und in Stücke schneiden. Rucola abspülen und gut abtropfen lassen. Alle vorbereiteten Zutaten mit Salz und Olivenöl gut vermischen, dann im Entsafter entsaften und nach Belieben auf Eiswürfeln servieren.

EARLY BIRD

(IM FOTO RECHTS)

FÜR 2 GLÄSER ❤❤	ZUTATEN	4 EL zarte Haferflocken
	100 g Himbeeren	2 EL Ahornsirup
ZUBEREITUNGSZEIT	100 g gemischte Beeren	
10 Minuten	250 g Buttermilch	

Nährwerte pro Glas: Eiweiß: 8 g, Fett: 2 g, Kohlenhydrate: 32 g, Kilojoule: 855, Kilokalorien: 204, BE: 2,5

1 Alle Beeren verlesen, evtl. kurz abspülen und gut abtropfen lassen. Beeren ggf. entstielen. Himbeeren mit Buttermilch, 2 Esslöffeln Haferflocken und 1 Teelöffel Ahornsirup in einem Standmixer pürieren, dann in 2 Gläsern verteilen. **2** Die restlichen Zutaten im Mixer cremig pürieren und ebenfalls in den Gläsern verteilen.

Tipp: Für einen veganen Smoothie Buttermilch durch Sojadrink „Vanille" ersetzen.

MELON SLUSH

(IM FOTO LINKS)

FÜR 2 GLÄSER ❤❤	ZUTATEN	250 g crushed ice	2 Holzspieße
	200 g Mango	1–2 Stängel	(Schaschlikspieße)
ZUBEREITUNGSZEIT	200 g Wassermelone	Zitronenthymian	
10 Minuten	150 g Honigmelone		

Nährwerte pro Glas: Eiweiß: 1 g, Fett: 0 g, Kohlenhydrate: 20 g, Kilojoule: 391, Kilokalorien: 94, BE: 1,5

1 Mango schälen und das Fruchtfleisch vom Stein schneiden. Melonen schälen und entkernen. Mango und Melonen in Würfel schneiden. Einige Fruchtwürfel auf die Spieße stecken. **2** Restliche Fruchtwürfel mit crushed ice in einem Standmixer cremig pürieren. Zitronenthymian abspülen, trocken tupfen und die Blättchen von den Stängeln zupfen. Thymian kurz untermixen.

„GRÜN-ROSA"

MARMOR-SMOOTHIE

FÜR 2 GLÄSER
♥ ♥

ZUBEREITUNGSZEIT
15 Minuten

ZUTATEN
1 kleiner Chicorée
4 zarte Blätter Kopfsalat
2 Blätter Eichblattsalat
2 Stängel Minze
200 g Galiamelone

1 Banane
125 g Heidelbeeren
200 ml Buttermilch
evtl. etwas Wasser
etwas Zitronensaft
etwas flüssiger Honig

evtl. 2 Holzspieße
(Schaschlikspieße)

Nährwerte pro Glas: Eiweiß: 6 g, Fett: 1 g, Kohlenhydrate: 31 g, Kilojoule: 752, Kilokalorien: 179, BE: 2,5

1 Chicorée putzen, längs halbieren, abspülen und abtropfen lassen. Strunk keilförmig herausschneiden. Alle Salate abspülen, abtropfen lassen und grob schneiden. Minze abspülen, trocken tupfen und die Blättchen von den Stängeln zupfen. **2** Melone und Banane schälen, klein schneiden. Heidelbeeren verlesen, kurz abspülen, abtropfen lassen und einige Beeren auf die Holzspieße stecken. Restliche Beeren mit der Buttermilch in einem Standmixer pürieren, die Hälfte davon beiseitestellen. **3** Salate und Obst mit der restlichen Beeren-Buttermilch im Standmixer pürieren. Nach Belieben den Smoothie mit Wasser verdünnen, dann mit Zitronensaft und Honig abschmecken. **4** Anschließend den Smoothie in 2 Gläsern verteilen. Die beiseitegestellte Beeren-Buttermilch daraufgießen und mit einem Holzspieß einmarmorieren. Die Marmor-Smoothies mit den Beerenspießen garnieren.

VEGAN

BROKKOLI-
Smoothie (IM FOTO HINTEN)

FÜR 2 GLÄSER ♥♥	ZUTATEN		
	80 g Brokkoli	150 g Cantaloupe-Melone	200 ml Mandel-
ZUBEREITUNGSZEIT	1 Bio-Minigurke	4 getrocknete	oder Haferdrink
15 Minuten	2 reife Aprikosen	Soft-Datteln	Saft von ½ Limette

Nährwerte pro Glas: Eiweiß: 3 g, Fett: 3 g, Kohlenhydrate: 28 g, Kilojoule: 678, Kilokalorien: 162, BE: 2,0

1 Von dem Brokkoli die Blätter entfernen und den Strunk abschneiden. Anschließend Brokkoli in Röschen teilen. Von der Gurke die Enden abschneiden. Aprikosen abspülen, abtrocknen, halbieren und entsteinen. Melone schälen. Gurke, Aprikosen, Melone und Datteln in grobe Stücke schneiden. **2** Brokkoli mit Gurke und Mandel- bzw. Haferdrink in einem Standmixer cremig pürieren. Dann Aprikosen, Melone, Datteln und Limettensaft etwa 1 Minute untermixen.

ROTE-BETE-MINZ-
Smoothie (IM FOTO VORN)

FÜR 2 GLÄSER ♥♥	ZUTATEN		
	2 TL Chiasamen	1 Handvoll Pflücksalat	1 vorgegarte kleine
ZUBEREITUNGSZEIT	75 ml kaltes Wasser	8 Stängel Minze	Rote-Bete-Kugel
15 Minuten, ohne	1 Handvoll Rote-Bete-	1 Bio-Apfel	(vakuumverpackt)
nächtliche Quellzeit	Blätter	150 g kernlose grüne	300 ml grüner Tee
		Weintrauben	

Nährwerte pro Glas: Eiweiß: 3 g, Fett: 2 g, Kohlenhydrate: 24 g, Kilojoule: 589, Kilokalorien: 140, BE: 2,0

1 Chiasamen in dem Wasser über Nacht zugedeckt im Kühlschrank quellen lassen. **2** Rote-Bete-Blätter, Salat, Minze, Apfel und Trauben gründlich abspülen und anschließend trocken tupfen. 2 Stängel Minze beiseitelegen. Von der restlichen Minze die Blättchen abzupfen. Apfelstiel und -blütenansatz entfernen. Apfel (mit Kerngehäuse) und Rote Bete grob schneiden. **3** Alle Zutaten (bis auf Rote Bete) in einem Standmixer fein pürieren. Zwei Drittel davon in 2 Gläser gießen. Restlichen Smoothie mit der Roten Bete fein pürieren und ebenfalls in den Gläsern verteilen.

Brokkoli
Gurke

CREMIG & SCHOKOLADIG

SCHOKOEIS-JOGHURT-SHAKE

(IM FOTO LINKS)

FÜR 2 GLÄSER
♥♥

ZUBEREITUNGSZEIT
5 Minuten

ZUTATEN
350 g Joghurt
(3,5 % Fett)
4 Kugeln Schokoladeneis

1 TL Instant-Kaffeepulver
4 EL Schlagsahne, flüssig
etwas Zucker

etwas geschabte
Schokolade

Nährwerte pro Glas: Eiweiß: 10 g, Fett: 22 g, Kohlenhydrate: 26 g, Kilojoule: 1463, Kilokalorien: 349, BE: 2,0

1 Joghurt mit Eis, Kaffeepulver und Sahne in einem Standmixer pürieren. Den Shake mit Zucker abschmecken, in 2 Gläsern verteilen und mit geschabter Schokolade bestreuen.

HIMBEER-
SHAKE (IM FOTO RECHTS)

FÜR 2 GLÄSER
♥♥

ZUBEREITUNGSZEIT
10 Minuten

ZUTATEN
125 g Himbeeren
500 ml Buttermilch
4 EL flüssiger Honig

Saft von ½–1 Zitrone

Nährwerte pro Glas: Eiweiß: 10 g, Fett: 1 g, Kohlenhydrate: 43 g, Kilojoule: 1036, Kilokalorien: 246, BE: 3,5

1 Himbeeren verlesen, evtl. kurz abspülen und gut abtropfen lassen. Himbeeren, Buttermilch und Honig in einem Standmixer pürieren. Den Shake mit Zitronensaft abschmecken.

71

WINTER GREEN
Smoothie (IM FOTO VORN)

FÜR 2 GLÄSER ♥♥	**ZUTATEN**	1 kleine Banane	evtl. 1–2 TL Ahornsirup
	4 zarte Blätter Grünkohl	200–300 ml Wasser	evtl. 1 Msp. gem. Zimt
ZUBEREITUNGSZEIT	1 Orange		2–4 EL Granatapfelkerne
15 Minuten	1 reife Bio-Birne		

Nährwerte pro Glas: Eiweiß: 3 g, Fett: 1 g, Kohlenhydrate: 28 g, Kilojoule: 605, Kilokalorien: 144, BE: 2,5

1 Vom Grünkohl die Blattrippen entfernen. Anschließend den Grünkohl gründlich waschen, abtropfen lassen und klein schneiden. Orange schälen und grob schneiden. Birne abspülen, abtrocknen, Stiel und Blütenansatz entfernen. Birne mit Kerngehäuse klein schneiden. Banane schälen und in kleine Stücke schneiden. **2** Grünkohl, Orange, Birne, Banane und Wasser in einem Standmixer sehr fein pürieren, dann nach Belieben mit Ahornsirup und Zimt abschmecken. Winter Green Smoothie in Gläsern verteilen und mit Granatapfelkernen bestreuen.

TAKE FOUR MIX
(IM FOTO HINTEN)

FÜR 2 GLÄSER ♥♥	**ZUTATEN**	4 getrocknete
	etwa 1 Handvoll	Soft-Aprikosen
ZUBEREITUNGSZEIT	verlesener Babyspinat	250 ml Mandeldrink
5 Minuten	1 Banane	

Nährwerte pro Glas: Eiweiß: 3 g, Fett: 4 g, Kohlenhydrate: 20 g, Kilojoule: 586, Kilokalorien: 140, BE: 1,5

1 Spinat gründlich waschen und abtropfen lassen. Banane schälen und mit den Aprikosen klein schneiden. **2** Spinat, Banane, Aprikosen und Mandeldrink in einem Mixer cremig pürieren.

STRAWBERRY FLIP

(IM FOTO LINKS)

FÜR 2 GLÄSER
♥ ♥

ZUBEREITUNGSZEIT
10 Minuten

ZUTATEN
150 g Erdbeeren
Saft von 1 Zitrone
50 g Puderzucker

crushed ice
Mineralwasser mit
Kohlensäure

Nährwerte pro Glas: Eiweiß: 1 g, Fett: 0 g, Kohlenhydrate: 30 g, Kilojoule: 561, Kilokalorien: 134, BE: 2,5

1 Die Erdbeeren putzen, abspülen, gut abtropfen lassen und entstielen. Erdbeeren mit Zitronensaft und Puderzucker in einem Rührbecher pürieren.

2 Erdbeerpüree in 2 zur Hälfte mit crushed ice gefüllte Gläser geben, mit Mineralwasser auffüllen und vorsichtig umrühren.

KÜRBIS-KOKOS-MILCH (IM FOTO RECHTS)

FÜR 2 GLÄSER
♥ ♥

ZUBEREITUNGSZEIT
20 Minuten,
ohne Abkühlzeit

ZUTATEN
150 g gewürfeltes
Kürbisfruchtfleisch,
geputzt (ohne faserigen

Innenteil)
500 ml Milch (1,5 % Fett)
40 g Zucker
60 g Kokosraspel

Nährwerte pro Glas: Eiweiß: 12 g, Fett: 24 g, Kohlenhydrate: 38 g, Kilojoule: 1767, Kilokalorien: 422, BE: 3,0

1 Kürbiswürfel mit 250 ml Milch, Zucker und 45 g Kokosraspeln in einem Topf zum Kochen bringen, zugedeckt etwa 12 Minuten kochen lassen. Inzwischen restliche Kokosraspel in einer Pfanne ohne Fett unter Wenden goldbraun rösten, dann auf einem Teller erkalten lassen. **2** Kürbis-Kokos-Milch mit einem Pürierstab pürieren, dann durch ein Sieb gießen und in 2 Gläsern verteilen. Restliche Milch bis kurz vor dem Kochen erhitzen, dann mit einem Schneebesen schaumig aufschlagen. Den Milchschaum auf die Kürbis-Kokos-Milch gießen und mit gerösteten Kokosraspeln bestreuen.

Limos, Bowlen,
TEE & KAFFEE

Obsttage mit Melonen,
Limetten und Orangen
müssen nicht langweilig sein.
Und mit Zimt, Vanille oder
Karamell hat niemand schnell
den Kaffee auf. Einfach
jeden Schluck genießen!

CAIPIRINHA-BOWLE

| FÜR 10–12 GLÄSER ZUBEREITUNGSZEIT 15 Minuten, ohne Kühlzeit | ZUTATEN 9–10 Bio-Limetten (unbehandelt, ungewachst) | 250 g brauner Rohrzucker 250 ml Cachaça 1 kleine Galiamelone | 1½ l kaltes Mineralwasser mit Kohlensäure 1½ l kalter trockener Sekt einige Eiswürfel |

Nährwerte pro Glas: Eiweiß: 1 g, Fett: 1 g, Kohlenhydrate: 39 g, Kilojoule: 1330, Kilokalorien: 318, BE: 3,5

1 7–8 Limetten heiß abwaschen, abtrocknen, achteln und in einem Bowlengefäß mit dem Zucker vermengen. Limetten mit einem Holzstößel zerdrücken, sodass der Saft austritt. Cachaça unterrühren, in den Kühlschrank stellen. **2** Melone halbieren und die Kerne mit einem Löffel herausschaben. Aus den Melonenhälften mit einem Kugelausstecher Kugeln ausstechen, in das Bowlengefäß geben und zugedeckt etwa 2 Stunden in den Kühlschrank stellen. **3** Kurz vor dem Servieren die restlichen Limetten so schälen, dass die weiße Haut mitentfernt wird. Limetten vierteln, in Scheiben schneiden und mit Mineralwasser, Sekt und Eiswürfeln in die Bowle geben.

ERDBEER-BOWLE (OHNE FOTO)

| FÜR 8–10 GLÄSER ZUBEREITUNGSZEIT 15 Minuten, ohne Kühlzeit | ZUTATEN 500 g Erdbeeren 2–3 EL Zucker | 700 ml kalter trockener Weißwein 1,4 l kalter trockener Sekt |

Nährwerte pro Glas: Eiweiß: 1 g, Fett: 0 g, Kohlenhydrate: 15 g, Kilojoule: 917, Kilokalorien: 219, BE: 1,5

1 Erdbeeren putzen, abspülen, gut abtropfen lassen, entstielen und halbieren oder vierteln. Erdbeeren in einem Bowlengefäß mit Zucker bestreuen und mit 350 ml Wein begießen. Zugedeckt etwa 1 Stunde in den Kühlschrank stellen. **2** Restlichen Wein mit dem Sekt hinzugießen, leicht umrühren.

0%
Alkohol

MELONEN-BOWLE

FÜR 10–12 GLÄSER	**ZUTATEN**	100 ml	750 ml Mineralwasser
	1 gekühlte mittelgroße	Holunderblütensirup	oder Tonic Water
ZUBEREITUNGSZEIT	Wassermelone	1 ½ l kalte	
45 Minuten	1 gekühlte große	Zitronenlimonade	Holzstäbchen
	Honigmelone	½ Bund Zitronenmelisse	(Schaschlikspieße)

Nährwerte pro Glas: Eiweiß: 1 g, Fett: 0 g, Kohlenhydrate: 33 g, Kilojoule: 600, Kilokalorien: 143, BE: 3,0

1 Von der Wassermelone einen Deckel abschneiden. Das Fruchtfleisch aus dem Deckel in Kugeln ausstechen oder mit einem Löffel größere Stücke herauslösen, in Scheiben schneiden und dann mit einer Ausstechform Herzen ausstechen. **2** Melonenkugeln oder -herzen in eine große Schüssel geben (einige Stücke beiseitelegen). Das restliche Fruchtfleisch der Wassermelone mit einem Esslöffel herauslösen, sodass die Melone innen glatt ist. Auch aus diesen Stücken Kugeln oder Herzen herstellen und in die Schüssel geben. **3** Honigmelone halbieren und entkernen. Das Fruchtfleisch als Kugeln ausstechen oder in Würfel schneiden, zum Bowlenansatz in die Schüssel geben. Sirup und Limonade hinzugießen. Zitronenmelisse

abspülen, trocken tupfen, die Blättchen von den Stängeln zupfen, klein schneiden und in die Schüssel geben. Bowlenansatz bis zum Servieren zugedeckt in den Kühlschrank stellen. **4** Zum Servieren den Bowlenansatz mit Mineralwasser oder Tonic Water auffüllen, in die ausgehöhlte Wassermelone füllen und darin servieren. **5** Beiseitegelegte Melonenstücke auf Holzstäbchen stecken und mit der Bowle servieren.

Tipps: Steht die Melone nicht gerade, diese einfach in einen mit etwas Zucker gefüllten tiefen Teller stellen. Sie können die Zitronenmelisse auch mit einem Bändchen zusammenbinden und das Bund in die Bowle hängen.

¡SALUD!

SANGRIA-BOWLE

FÜR 10 GLÄSER	ZUTATEN	2 Bio-Zitronen	8 cl Portwein
	3 Pfirsiche	(unbehandelt,	2–2 ½ l kalter spanischer
ZUBEREITUNGSZEIT	3 Bio-Orangen	ungewachst)	Rotwein
20 Minuten,	(unbehandelt,	8 cl Orangenlikör	
ohne Kühlzeit	ungewachst)	8 cl spanischer Brandy	

Nährwerte pro Glas: Eiweiß: 1 g, Fett: 0 g, Kohlenhydrate: 19 g, Kilojoule: 1079, Kilokalorien: 257, BE: 1,5

1 Die Pfirsiche kurze Zeit in kochendes Wasser legen (nicht kochen lassen), dann in kaltem Wasser abschrecken, enthäuten, halbieren und jeweils den Stein herauslösen. Pfirsichhälften in kleine Stücke schneiden und in eine Karaffe geben.
2 Die Orangen und Zitronen heiß abwaschen und abtrocknen. Jeweils von 1 Orange und 1 Zitrone die Schale spiralförmig abschälen. **3** Restliche Orangen und Zitrone mit einem scharfen Messer so schälen,

dass die weiße Haut vollständig mitentfernt wird.
4 Das Fruchtfleisch in kleine Stücke schneiden und zu den Pfirsichstücken in die Karaffe geben.
5 Anschließend Orangenlikör, Brandy und Portwein hinzugeben. Die Karaffe mit den Früchten einige Stunden zugedeckt in den Kühlschrank stellen.
6 Zum Servieren die Früchte mit Rotwein auffüllen und die Orangen- und Zitronenspirale in die Karaffe hängen.

PINK LIMONADE (IM FOTO LINKS)

FÜR 4 GLÄSER
♥♥♥♥

ZUBEREITUNGSZEIT
10 Minuten,
ohne Kühlzeit

ZUTATEN
1 l stilles Mineralwasser
100–150 g Zucker
1 Prise Salz

10–20 ml Zitronensaft
50 ml Grenadinesirup

Nährwerte pro Glas: Eiweiß: 0 g, Fett: 0 g, Kohlenhydrate: 41 g, Kilojoule: 687, Kilokalorien: 164, BE: 3,5

1 Das Mineralwasser mit dem Zucker und Salz in einen Topf geben und unter Rühren zum Kochen bringen. Anschließend die Mischung abkühlen lassen, nach Belieben in einen Glaskrug füllen und etwa 2 Stunden mit Frischhaltefolie zugedeckt in den Kühlschrank stellen.

2 Anschließend Zitronensaft und die Grenadine unterrühren.

Tipps: Servieren Sie die Limonade mit viel Eis. Sie können die Limonade in einer gründlich gereinigten, verschließbaren Flasche etwa 3 Tage aufbewahren.

INGWER-LIMONADE (IM FOTO RECHTS)

FÜR 4 GLÄSER
♥♥♥♥

ZUBEREITUNGSZEIT
15 Minuten,
ohne Kühlzeit

ZUTATEN
25 g frischer Ingwer
1 l stilles Mineralwasser
100–150 g Zucker

1 Prise Salz
50 ml Zitronensaft

Nährwerte pro Glas: Eiweiß: 0 g, Fett: 0 g, Kohlenhydrate: 32 g, Kilojoule: 536, Kilokalorien: 128, BE: 2,5

1 Den Ingwer schälen und in Scheiben schneiden. Anschließend mit Wasser, Zucker und Salz in einen Topf geben und unter Rühren zum Kochen bringen. Dann die Mischung abkühlen lassen und nach Belieben durch ein Sieb in einen Glaskrug füllen.
2 Die Mischung etwa 2 Stunden mit Frischhaltefolie

zugedeckt in den Kühlschrank stellen. Anschließend den Zitronensaft zugeben und die Ingwerlimonade umrühren.

Tipp: Servieren Sie die Limonade nach Belieben mit viel Eis und den Ingwerscheiben.

ERFRISCHEND
FRUCHTIG

ZITRONEN-LIMONADE

(IM FOTO MITTIG)

FÜR 4 GLÄSER
♥♥♥♥

ZUBEREITUNGSZEIT
10 Minuten,
ohne Kühlzeit

ZUTATEN
1 l stilles Mineralwasser
100–150 g Zucker
1 Prise Salz
50–60 ml Zitronensaft

Nährwerte pro Glas: Eiweiß: 0 g, Fett: 0 g, Kohlenhydrate: 32 g, Kilojoule: 537, Kilokalorien: 128, BE: 2,5

1 Das Mineralwasser mit dem Zucker und Salz in einen Topf geben und unter Rühren zum Kochen bringen. Anschließend die Mischung abkühlen lassen und nach Belieben in einen Glaskrug füllen. **2** Die Mischung etwa 2 Stunden mit Frischhaltefolie zugedeckt in den Kühlschrank stellen. **3** Anschließend den Zitronensaft zugeben und die Zitronenlimonade umrühren.

FÜR HEISSE
SOMMERTAGE

ORANGEN-
LIMONADE

(IM FOTO RECHTS UND LINKS)

FÜR 4 GLÄSER
♥♥♥♥

ZUBEREITUNGSZEIT
10 Minuten,
ohne Kühlzeit

ZUTATEN
1 l stilles Mineralwasser
100–150 g Zucker
1 Prise Salz

10–20 ml Zitronensaft
50 ml Orangensaft

Nährwerte pro Glas: Eiweiß: 0 g, Fett: 0 g, Kohlenhydrate: 32 g, Kilojoule: 548, Kilokalorien: 131, BE: 2,5

1 Wasser, Zucker und Salz in einem Topf unter Rühren zum Kochen bringen. Anschließend die Mischung abkühlen lassen und nach Belieben in einen Glaskrug füllen. **2** Die Mischung etwa 2 Stunden mit Frischhaltefolie zugedeckt in den Kühlschrank stellen. Anschließend Zitronen- und Orangensaft zugeben und umrühren.

Tipp: Servieren Sie die Limonade in Gläsern mit viel Eis. Garnieren Sie die Gläser nach Belieben mit Orangenscheiben.

ENTSPANNUNG PUR

CHAI

FÜR 4 GLÄSER ♥♥♥♥	ZUTATEN	evtl. Kardamom oder Sternanis
ZUBEREITUNGSZEIT 10 Minuten, ohne Abkühlzeit	1 l Milch (3,5 % Fett) 4 EL loser schwarzer Tee 1 Zimtstange 1–2 Gewürznelken	evtl. etwas brauner Zucker (Rohrzucker)

Nährwerte pro Glas: Eiweiß: 9 g, Fett: 9 g, Kohlenhydrate: 12 g, Kilojoule: 689, Kilokalorien: 165, BE: 1,0

1 Die Milch in einem Topf bei schwacher Hitze zum Kochen bringen. Tee, Zimtstange, Nelken und Kardamom oder Sternanis hinzugeben und etwa 2 Minuten bei schwacher Hitze leicht köcheln lassen. **2** Den Chai durch ein Sieb in 4 Gläser füllen und nach Belieben mit braunem Zucker süßen.

Tipp: Erkaltet können Sie den Chai mit einigen Eiswürfeln und nach Belieben mit einer Zimtstange garniert genießen.

EISTEE

(OHNE FOTO)

FÜR 4 GLÄSER ♥♥♥♥	ZUTATEN einige Teeblätter (schwarzer Tee)	je 1 Stück Bio-Zitronen- und Bio-Orangenschale (unbehandelt, ungewachst) 2 Gewürznelken	1 Zimtstange 2 Pimentkörner 1 l kochendes Wasser etwas Zucker oder Honig einige Eiswürfel
ZUBEREITUNGSZEIT 5 Minuten, ohne Zieh- und Kühlzeit			

Nährwerte pro Glas: Eiweiß: 0 g, Fett: 0 g, Kohlenhydrate: 5 g, Kilojoule: 98, Kilokalorien: 23, BE: 0,5

1 Teeblätter, Zitronen-, Orangenschale und Gewürze in einer Kanne mit kochenden Wasser übergießen, 3–5 Minuten ziehen lassen. Den Tee durch ein Sieb gießen, mit Zucker oder Honig süßen und erkalten lassen. **2** Tee in 4 zur Hälfte mit Eiswürfeln gefüllte Gläser gießen und servieren.

ESPRESSOLIKÖR

FÜR 1,25 LITER	**ZUTATEN**	250 ml Aroma-Sirup
	250 ml Wasser	Karamell-Geschmack
ZUBEREITUNGSZEIT	375 g Zucker	250 ml Weingeist/Ethanol
25 Minuten,	375 ml kalter Espresso	(hochprozentiger Alkohol,
ohne Abkühlzeit		90 Vol.-%)

Nährwerte insgesamt: Eiweiß: 1 g, Fett: 0 g, Kohlenhydrate: 583 g, Kilojoule: 16431, Kilokalorien: 3915, BE: 48,5

1 Wasser mit Zucker zum Kochen bringen und sirupartig einkochen lassen. Dann mit Espresso und Aroma-Sirup verrühren und erkalten lassen. Anschließend Weingeist unterrühren. **2** Den Es-pressolikör in gründlich gereinigte, gespülte Flaschen füllen und mit einem Flaschenverschluss fest verschließen. Likör sofort genießen oder kühl und dunkel gestellt etwa 6 Wochen aufbewahren.

IRISH COFFEE
(OHNE FOTO)

FÜR 4 GLÄSER	**ZUTATEN**	½ l starker Kaffee
♥ ♥ ♥ ♥	200 g Schlagsahne	2 EL brauner Zucker
ZUBEREITUNGSZEIT	(mind. 30 % Fett)	150 ml irischer Whiskey
10 Minuten		

Nährwerte pro Glas: Eiweiß: 1 g, Fett: 16 g, Kohlenhydrate: 9 g, Kilojoule: 1170, Kilokalorien: 279, BE: 1,0

1 Sahne halb steif schlagen und in den Kühlschrank stellen. **2** Kaffee frisch aufbrühen, mit Zucker in Irish-Coffee-Gläser füllen. Whiskey in den Gläsern verteilen und je eine Sahnehaube daraufsetzen.

CAFÉ FRAPPÉ

FÜR 2–4 GLÄSER
♥♥♥ ♥

ZUBEREITUNGSZEIT
10 Minuten,
ohne Abkühlzeit

ZUTATEN
600 ml frisch gekochter,
starker Kaffee
180 g Zucker

6 Eiswürfel
100 g Schlagsahne, flüssig

Nährwerte pro Glas: Eiweiß: 1 g, Fett: 11 g, Kohlenhydrate: 62 g, Kilojoule: 1448, Kilokalorien: 346, BE: 5,0

1 Kaffee mit Zucker verrühren und erkalten lassen. Den Kaffee mit den Eiswürfeln und der Sahne in einem Standmixer kräftig durchmixen, sodass ein Kaffeeschaum entsteht. **2** Den Café Frappé in 2–4 Gläser füllen und sofort servieren.

Tipp: Nach Belieben können Sie den Café Frappé mit einem Kaffee-, Schokoladen- oder Sahnelikör aromatisieren.

SPICED ICED COFFEE (OHNE FOTO)

FÜR 4 GLÄSER
♥♥♥ ♥

ZUBEREITUNGSZEIT
5 Minuten,
ohne Kühlzeit

ZUTATEN
1 l frisch gekochter,
starker Kaffee
1 Zimtstange

4 Gewürznelken
50 g Zucker
einige Eiswürfel

NACH BELIEBEN:
Sprühsahne

Nährwerte pro Glas: Eiweiß: 1 g, Fett: 0 g, Kohlenhydrate: 13 g, Kilojoule: 235, Kilokalorien: 56, BE: 1,0

1 Kaffee mit Zimtstange, Nelken und Zucker verrühren, abkühlen lassen und dann mehrere Stunden in den Kühlschrank stellen. **2** Gewürze entfernen. Den Kaffee in 4 zur Hälfte mit Eiswürfeln gefüllte Gläser gießen, nach Belieben jeweils einen Tupfen Sprühsahne aufspritzen.

VANILLE-SCHOKOLADE

FÜR 6 GLÄSER
♥♥♥♥♥♥

ZUBEREITUNGSZEIT
10 Minuten,
ohne Ziehzeit

ZUTATEN
700 ml Milch (3,5 % Fett)
1 Vanilleschote
150 g Zartbitter-Kuvertüre

Nährwerte pro Glas: Eiweiß: 6 g, Fett: 13 g, Kohlenhydrate: 17 g, Kilojoule: 900, Kilokalorien: 216, BE: 1,5

1 Die Milch in einen Topf geben und erhitzen. Die Vanilleschote längs aufschneiden und das Mark mit dem Messerrücken herausschaben. Vanillemark und -schote in die heiße Milch geben und etwa 10 Minuten darin ziehen lassen. Anschließend die Vanilleschote entfernen. **2** Die Vanillemilch bis kurz vor dem Siedepunkt erhitzen (nicht kochen, sonst wird der Schaum nicht fest), dann mit einem Schneebesen oder einem Milchschäumer schaumig aufschlagen. Etwa 6 Esslöffel von dem Milchschaum abnehmen, in eine vorgewärmte Tasse geben und beiseitestellen. **3** Die Kuvertüre klein hacken und in der restlichen heißen Vanillemilch unter Rühren schmelzen lassen. Anschließend die Vanilleschokolade in 6 hitzebeständige Gläser füllen. Den beiseitegestellten heißen Milchschaum mit einem Esslöffel vorsichtig darauf verteilen.

Tipp: Zur Vanilleschokolade selbst gemachte **Shortbread-Sticks** genießen. Dafür den Backofen vorheizen (Ober-/Unterhitze: etwa 180 °C, Heißluft: etwa 160 °C). 180 g Weizenmehl, 40 g feinen Zucker und 125 g kalte, in Scheiben geschnittene Butter mit den Händen zu einem festen Teig verkneten. Dann auf einer bemehlten Arbeitsfläche zu einem Rechteck (etwa 18 x 20 cm) ausrollen, mit 1 Prise Salz bestreuen und etwas andrücken. Das Teigrechteck so halbieren, dass 2 Rechtecke (etwa 9 x 20 cm) entstehen. Diese in 9 x 2 cm große Sticks schneiden, jeweils mit einer Gabel ein Muster einstechen, mit etwas Abstand auf Backbleche (mit Backpapier belegt) legen. Die Backbleche nacheinander (bei Heißluft zusammen) in den vorgeheizten Backofen schieben. Die Sticks **etwa 10 Minuten je Backblech backen**.

Snacks &
FINGERFOOD

In der einen Hand einen
Cocktail oder Smoothie,
in der anderen Hand
Nordic Scones oder
Erdbeeren in Bündner Fleisch.
Wenn das keine ausgewogene
Ernährung ist!

AUS DEM OFEN

FEIGEN MIT ZIEGENKÄSE

FÜR 6 PORTIONEN
♥♥♥♥♥♥

ZUBEREITUNGSZEIT
45 Minuten

GRILLZEIT
etwa 6 Minuten

ZUTATEN
50 g Pistazienkerne
500 ml roter Traubensaft
8 TL flüssiger
Akazienhonig
5 Stängel Thymian

250 g Ziegenfrischkäse
gem. Pfeffer
6 große frische Feigen

Nährwerte pro Portion: Eiweiß: 6 g, Fett: 16 g, Kohlenhydrate: 34 g, kJ: 1246, kcal: 300, BE: 3,0

1 Pistazienkerne in einer Pfanne ohne Fett unter Wenden goldbraun rösten und auf einen Teller geben. **2** Den Traubensaft mit 5 Teelöffeln Honig in einem Topf verrühren und bei mittlerer Hitze sirupartig einkochen (etwa 15 Minuten) lassen. **3** Den Backofengrill vorheizen. Pistazienkerne klein hacken. **4** Thymian abspülen und trocken tupfen. Von 3 Stängeln die Blättchen abzupfen. Blättchen klein schneiden. Frischkäse mit einer Gabel zerdrücken. Restlichen Honig, gehackten Thymian und etwa die Hälfte der Pistazienkerne untermengen, dann mit Pfeffer abschmecken. **5** Feigen vorsichtig abspülen, trocken tupfen und halbieren. Mit einem Teelöffel kleine Vertiefungen in das Fruchtfleisch drücken. Die vorbereitete Frischkäsemasse in Häufchen hineinsetzen. Die Feigen auf ein Backblech (gefettet) setzen. **6** Das Backblech unter den vorgeheizten Backofengrill schieben. Die Feigen **etwa 6 Minuten grillen**, bis der Käse leicht gebräunt ist. **7** Die beiseitegelegten Thymianstängel etwas kleiner zupfen. Die heißen Feigen mit Traubensirup anrichten, mit Thymian und restlichen Pistazienkernen garnieren.

Tipp: Für **Blitz-Käse-Feigen** (Titelrezept) 6 frische Feigen vorsichtig abspülen, trocken tupfen und halbieren. 100 g Blauschimmelkäse in dünne, kleine Scheiben schneiden. Die Feigenhälften mit Käse und jeweils 1 abgespülten, trocken getupften Basilikumblatt belegen, mit Zahnstochern fixieren.

Süßkartoffel-
CHIPS

8-10 PORTIONEN	ZUTATEN	1 EL gem. Piment	FÜR DIE
	FÜR DIE SALSA FRITA:	(Nelkenpfeffer)	SÜSSKARTOFFEL-CHIPS:
ZUBEREITUNGSZEIT	450 g Tomaten	3 Stängel Koriander	3 Süßkartoffeln
45 Minuten,	½–1 rote Chilischote	1 Bio-Limette	(je etwa 150 g)
ohne Abkühlzeit	1 Zwiebel	(unbehandelt,	etwa 1 l Speiseöl,
GARZEIT:	4 EL Olivenöl	ungewachst)	z. B. Sonnenblumenöl
etwa 10 Minuten	Salz		

Nährwerte pro Portion: Eiweiß: 1 g, Fett: 7 g, Kohlenhydrate: 12 g, Kilojoule: 482, Kilokalorien: 115, BE: 1,0

1 Für die Salsa Frita die Tomaten kreuzweise einschneiden und dann mit kochendem Wasser übergießen. Nach 1–2 Minuten herausnehmen und mit kaltem Wasser abschrecken. Tomaten enthäuten, halbieren und die Stängelansätze herausschneiden. Tomaten mit den Kernen in etwa 1 cm große Stücke schneiden. **2** Chili abspülen, abtrocknen, entstielen und mit den Kernen fein hacken. Die Zwiebel abziehen und fein würfeln. **3** Das Olivenöl in einem Topf erhitzen. Fein gehackte Chilischote und Zwiebelwürfel darin kräftig andünsten. Die Tomaten dazugeben, alles mit Salz und Piment würzen. Die Sauce offen bei mittlerer Hitze etwa 10 Minuten garen. Den Topf von der Kochstelle nehmen. Salsa Frita erkalten lassen. **4** Koriander abspülen, trocken tupfen und die Blättchen von den Stängeln zupfen. Blättchen grob zerschneiden. Die Limette heiß abwaschen, abtrocknen und die Schale fein abreiben. Die Limette halbieren, den Saft auspressen und 2 Esslöffel davon abmessen. Koriander, Limettenschale und -saft unter die erkaltete Salsa Frita rühren. **5** Für die Süßkartoffel-Chips die Süßkartoffeln schälen und der Länge nach in etwa 2 mm dünne Scheiben hobeln. **6** Das Speiseöl in einem Topf auf etwa 180 °C erhitzen. Die Süßkartoffeln darin portionsweise in jeweils etwa 3 Minuten goldbraun frittieren. Die fertigen Süßkartoffel-Chips auf Küchenpapier abtropfen und erkalten lassen. Die Chips mit Salz leicht würzen und mit der Salsa Frita servieren.

MINI-SPIEGELEIER
auf rotem Tatar

FÜR 16 STÜCK	ZUTATEN	1 EL Sahnemeerrettich	16 Wachteleier
	125 g vorgegarte Rote	Salz	3 Stängel Dill
ZUBEREITUNGSZEIT	Bete (vakuumverpackt)	gem. schwarzer Pfeffer	16 Scheiben
35 Minuten	1 Schalotte	50 g geräuchertes	Mini-Zwieback
	2 EL Crème fraîche	Forellenfilet	
	1 EL Zitronensaft	2 EL Speiseöl	

Nährwerte pro Stück: Eiweiß: 3 g, Fett: 4 g, Kohlenhydrate: 4 g, Kilojoule: 264, Kilokalorien: 63, BE: 0,5

1 Die Rote Bete in sehr feine Würfel schneiden. Schalotte abziehen und ebenfalls sehr fein würfeln. **2** Crème fraîche mit Zitronensaft und Meerrettich verrühren, mit Salz und Pfeffer würzen. Rote-Bete- und Schalotten-Würfel unterrühren. Forellenfilet in kleine Stückchen zupfen. **3** Das Speiseöl in einer Pfanne erhitzen. Die Eier vorsichtig an einem scharfkantigen Gegenstand aufschlagen und darin bei mittlerer Hitze wie Spiegeleier braten. Die Spiegeleier mit Salz würzen. **4** Dill abspülen und trocken tupfen. Zwei Drittel davon fein schneiden und kurz vor dem Servieren mit dem Forellenfilet unter die Rote-Bete-Mischung rühren. **5** Das Tatar auf den Mini-Zwieback-Scheiben verteilen. Jeweils 1 Wachtelspiegelei daraufsetzen und mit dem restlichen Dill garnieren.

FÜR DEN
FILMABEND

MANGO-KRAPFEN
à la Bollywood

FÜR 24 STÜCK

ZUBEREITUNGSZEIT
50 Minuten
TEIGGEHZEIT:
etwa 45 Minuten

ZUTATEN
1 rote Peperoni
21 g frische Hefe
1 TL Zucker
240 ml lauwarme Milch
(3,5 % Fett)
500 g Weizenmehl
1 Ei (Größe M)
1 Eigelb (Größe M)
2 EL Currypulver

Salz
50 g Butter
(zimmerwarm)
75 g Röstzwiebeln
125 g festes
Mango-Fruchtfleisch
(vorbereitet gewogen)

1 l Speiseöl, z. B.
Sonnenblumenöl

FÜR DEN MINZ-JOGHURT:
2 Stängel Minze
400 g Joghurt
(3,5 % Fett)
2 EL Zitronensaft

175 g Mango-Chutney
(aus dem Glas)

Nährwerte pro Portion: Eiweiß: 4 g, Fett: 8 g, Kohlenhydrate: 22 g, Kilojoule: 751, Kilokalorien: 179, BE: 2,0

1 Peperoni abspülen, abtrocknen, entstielen, entkernen und die weißen Scheidewände entfernen. Peperoni fein würfeln. Hefe in eine Schüssel bröckeln, mit dem Zucker in der Milch auflösen. Mehl in eine Rührschüssel geben. Hefemilch, Ei, Eigelb, Curry, Salz und Butter (in Stückchen) hinzufügen, mit einem Mixer (Knethaken) zunächst kurz auf niedrigster, dann auf höchster Stufe in etwa 5 Minuten zu einem glatten Teig verkneten. **2** Peperoni und Röstzwiebeln gut unterarbeiten. Den Teig zugedeckt so lange an einem warmen Ort gehen lassen, bis er sich sichtbar vergrößert hat, etwa 30 Minuten. **3** Inzwischen das Mango-Fruchtfleisch fein würfeln. Mangowürfel unter den gegangenen Teig kneten. Teig in 2 Portionen teilen. Jede Teigportion auf der leicht bemehlten

Arbeitsfläche zu einer etwa 30 cm langen Rolle formen. Anschließend jede Teigrolle in 12 gleich große Stücke schneiden. Diese mit leicht bemehlten Händen zu runden Krapfen formen und zugedeckt nochmals so lange an einem warmen Ort gehen lassen, bis sie sich sichtbar vergrößert haben, etwa 15 Minuten. **4** Das Speiseöl in einem Topf auf etwa 180 °C erhitzen. Die Krapfen darin in 3–4 Portionen jeweils 5–6 Minuten goldbraun ausbacken. Die fertigen Krapfen auf Küchenpapier abtropfen und erkalten lassen. **5** Für den Minz-Joghurt Minze abspülen, trocken tupfen und die Blättchen von den Stängeln zupfen. Blättchen fein hacken. Joghurt mit Minze, Zitronensaft und etwas Salz verrühren. Die Krapfen mit dem Joghurt und dem Chutney anrichten.

CALIFORNIA ROLLS
mit Salat und Gurke

SOMETHING SPECIAL

24 STÜCK	**ZUTATEN**	4 EL Wasabipaste	45 g Tobiko-Wasabi-
	FÜR DEN REIS:	55 g Delikatess-	Kaviar aus Fliegenfisch-
ZUBEREITUNGSZEIT	300 g Sushireis	Mayonnaise	Rogen
65 Minuten, ohne	Salz	175 g Salatgurke	
Zieh- und Abkühlzeit	450 ml Wasser	70 g Römersalat	100 ml Sojasauce
GARZEIT:	4 EL Reisessig	3 Stängel Koriander	100 g eingelegter Ingwer
etwa 20 Minuten	1 gestr. TL Zucker	3 Noriblätter	(aus dem Glas)

Nährwerte pro Stück: Eiweiß: 2 g, Fett: 3 g, Kohlenhydrate: 11 g, Kilojoule: 322, Kilokalorien: 77, BE: 1,0

1 Reis in einem Sieb unter fließendem kalten Wasser abspülen, bis das Wasser klar abläuft, dann sehr gut abtropfen lassen, mit etwas Salz und dem Wasser in einem Topf zum Kochen bringen. Reis zugedeckt etwa 20 Minuten bei schwacher Hitze garen. Topf von der Kochstelle nehmen. Reis weitere 10 Minuten im geschlossenen Topf ziehen lassen. **2** Essig erwärmen. 1 gestrichenen Teelöffel Salz und den Zucker darin unter Rühren auflösen. Dann locker unter den heißen Reis mischen, mit einem feuchten Tuch abdecken und erkalten lassen. **3** 2 Esslöffel von der Wasabipaste mit der Mayonnaise verrühren. Gurke schälen, längs vierteln, entkernen und jedes Viertel nochmals der Länge nach halbieren. Salate putzen, abspülen und gut abtropfen lassen, dann der Länge nach in 2 cm breite Streifen schneiden. Koriander abspülen, trocken tupfen und die Blättchen von den Stängeln zupfen. **4** Eine Sushimatte zunächst mit Frischhaltefolie, dann mit einem Noriblatt

belegen. Darauf eine etwa ½ cm dicke Reisschicht so verteilen, dass an den Rändern jeweils etwa 1 cm frei bleibt. Reisschicht mit einem weiteren Stück Frischhaltefolie belegen. Mithilfe der Frischhaltefolie alles einmal wenden, sodass die Seite mit dem Noriblatt oben liegt. **5** Das Noriblatt dünn mit einem Drittel der Wasabi-Mayonnaise bestreichen. Dann jeweils ein Drittel Gurken, Salat und Koriander der Breite nach, passend zurechtgeschnitten, darauflegen. Mithilfe der Sushimatte alles zu einer Rolle aufrollen und dabei leicht andrücken. Die Rolle vorsichtig aus der Sushimatte lösen und im Wasabi-Kaviar wälzen. Auf diese Weise 2 weitere Rollen herstellen. **6** Jede Rolle mit einem scharfen Messer in 8 gleich große Scheiben schneiden. Die California Rolls mit der Sojasauce, dem restlichen Wasabi und Ingwer servieren.

Tipp: Sie können den Tobiko-Wasabi-Kaviar durch 3 Esslöffel geschälte Sesamsamen ersetzen.

GARNELEN-SESAM-SALAT
im Reispapier

FÜR 12 STÜCK

ZUBEREITUNGSZEIT
50 Minuten,
ohne Abkühlzeit

ZUTATEN
400 g aufgetaute
TK-Garnelen (ohne Kopf
und Schale, je etwa 20 g)
Salz

3 EL Speiseöl
3 EL Sesamsamen,
geschält
60 g Rucola (Rauke)
450 g reife Avocados

3 EL Zitronensaft
4 Stängel Koriander
8 runde Reispapierblätter
(Ø 20–22 cm)

Nährwerte pro Stück: Eiweiß: 8 g, Fett: 12 g, Kohlenhydrate: 5 g, Kilojoule: 648, Kilokalorien: 155, BE: 0,5

1 Garnelen entdarmen, dann unter fließendem kalten Wasser abspülen und mit Küchenpapier trocken tupfen. Garnelen mit Salz würzen. **2** Das Speiseöl in einer Pfanne erhitzen. Die Garnelen darin portionsweise bei mittlerer Hitze von jeder Seite etwa 2 Minuten braten. Dann aus der Pfanne nehmen und erkalten lassen. **3** Sesamsamen in einer Pfanne ohne Fett unter Wenden goldbraun rösten und auf einen Teller geben. Rucola verlesen und dicke Stängel abschneiden. Rucola abspülen, gut abtropfen lassen oder trocken schleudern und evtl. etwas kleiner zupfen. **4** Avocados halbieren und entsteinen. Das Fruchtfleisch mit einem Esslöffel herauslösen, mit Zitronensaft und Salz mischen und mit einer Gabel grob zerdrücken. **5** Die Garnelen in etwa 2 cm große Stücke schneiden. Koriander abspülen, trocken tupfen und die Blättchen von den Stängeln zupfen. Etwa 12 Blättchen davon zum Garnieren beiseitelegen. Die restlichen Blättchen grob zerschneiden. Garnelenstücke und klein geschnittenen Koriander unter die Avocadocreme rühren. **6** Das Reispapier nacheinander jeweils etwa 1 Minute in lauwarmem Wasser einweichen, dann abtropfen lassen. Jeweils 2 Reispapierblätter übereinanderlegen und anschließend jeweils zuerst 1 Teelöffel Sesam und ein Viertel der Rucolablätter darauf verteilen. **7** Auf dem unteren Drittel des Reispapiers dann ein Viertel der Avocadocreme leicht gehäuft verteilen. Das Reispapier stramm aufrollen. Auf diese Weise 3 weitere Reispapierrollen herstellen. **8** Kurz vor dem Servieren die Enden der Reispapierrollen mit einem scharfen Messer abschneiden. Jede Reispapierrolle in 3 gleich große Stücke schneiden und mit dem restlichen Sesamsamen und Koriander bestreuen.

KAFFEE-MACADAMIA-SCHNITZELCHEN

FÜR 8 PORTIONEN	**ZUTATEN** **FÜR DIE SAUERKIRSCH-VINAIGRETTE:**	**FÜR DIE SCHNITZELCHEN:**	8 EL Speiseöl zum Braten
ZUBEREITUNGSZEIT 45 Minuten, ohne Abkühlzeit	40 g getrocknete Sauerkirschen 6 EL Olivenöl 3 EL Balsamico-Essig Salz gem. schwarzer Pfeffer	2 EL ganze Kaffeebohnen 40 g Macadamianusskerne 40 g Semmelbrösel 300 g Hähnchen- oder Perlhuhnbrustfilet etwas Weizenmehl 1 Ei (Größe L)	**AUSSERDEM:** 100 g gemischte Baby-Salate oder Pflücksalat

Nährwerte pro Portion: Eiweiß: 12 g, Fett: 17 g, Kohlenhydrate: 10 g, Kilojoule: 993, Kilokalorien: 237, BE: 1,0

1 Für die Sauerkirsch-Vinaigrette Kirschen mit Olivenöl, Essig, etwas Salz und Pfeffer verrühren.
2 Für die Schnitzelchen Kaffeebohnen im Mörser nicht zu fein zerstoßen. Macadamianusskerne nicht zu fein hacken, dann mit den Kaffeebohnen und den Semmelbröseln mischen. Das Hähnchen- oder Perlhuhnbrustfilet mit Küchenpapier abtupfen und anschließend in 8 gleich große Stücke schneiden. Die Filetstücke mit Salz würzen, dann so in dem Mehl wenden, dass sie nur dünn bemehlt sind.
3 Das Ei mit einer Gabel verquirlen. Die Filetstücke kurz in das Ei tauchen, etwas abtropfen lassen und dann mit der Kaffee-Macadamia-Mischung panieren. **4** Das Speiseöl in einer großen Pfanne erhitzen. Die Filetstücke darin bei starker Hitze von jeder Seite in etwa 2½ Minuten goldbraun braten. Die Filetstücke auf Küchenpapier abtropfen und erkalten lassen. **5** Die Salatblätter vorsichtig abspülen, gut abtropfen lassen oder trocken schleudern. Salatblätter nach Belieben etwas kleiner zupfen und kurz vor dem Servieren mit der vorbereiteten Sauerkirsch-Vinaigrette mischen. Die Kaffee-Macadamia-Schnitzelchen mit dem Salat portionsweise anrichten.

MAISKORN-KÜCHLEIN

FÜR 12 PORTIONEN

ZUBEREITUNGSZEIT
40 Minuten, ohne
Ruhe- und Abkühlzeit

ZUTATEN
2 Frühlingszwiebeln
45 g geröstete, gesalzene
Erdnusskerne
90 g Cornflakes
250 g abgetropfter
Gemüsemais
(aus der Dose)

Saft von dem
Gemüsemais
(aus der Dose)
3 Eier (Größe L)
75 ml Milch (3,5 % Fett)
3 EL Weizenmehl
Salz, Cayennepfeffer

7 EL Speiseöl zum Braten

FÜR DAS SAMBAL:
175 g Mango-Fruchtfleisch
(vorbereitet gewogen)
½ rote Chilischote
1 kleine rote Zwiebel
125 g Cocktailtomaten
4–5 Stängel Koriander
4 EL Limettensaft
2 EL Ketjap Manis
(süße Sojasauce)
5 EL Orangensaft

Nährwerte pro Portion: Eiweiß: 5 g, Fett: 8 g, Kohlenhydrate: 15 g, Kilojoule: 657, Kilokalorien: 157, BE: 1,0

1 Frühlingszwiebeln putzen, abspülen, abtropfen lassen und in sehr feine Scheiben schneiden. Nüsse fein hacken, Cornflakes leicht zerbröseln. Von dem Gemüsemais den Saft auffangen und beiseitestellen. Die Hälfte der Maiskörner fein hacken. **2** Eier mit Milch, dem Maissaft, Mehl, Salz und Cayennepfeffer verquirlen. Frühlingszwiebeln, Nüsse, Cornflakes, gehackten Mais und restliche Maiskörner mit einem Löffel gleichmäßig unterrühren. Den Teig etwa 15 Minuten ruhen lassen. **3** Die Maismasse mit leicht angefeuchteten Händen zu 12 Küchlein formen, flach drücken. Das Speiseöl in einer Pfanne bei mittlerer Hitze erhitzen. Die Küchlein darin portionsweise von jeder Seite in etwa 2 Minuten goldbraun braten. Die Küchlein auf Küchenpapier

abtropfen und erkalten lassen. **4** Für das Sambal Mango-Fruchtfleisch klein würfeln. Chili abspülen, abtrocknen, entstielen und mit den Kernen fein hacken. Die Zwiebel abziehen und fein würfeln. **5** Tomaten abspülen, abtrocknen, halbieren und evtl. die Stängelansätze herausschneiden. Tomaten klein schneiden. **6** Koriander abspülen, trocken tupfen und die Blättchen von den Stängeln zupfen. Nach Belieben einige Blättchen zum Garnieren beiseitelegen. Restliche Blättchen fein hacken. **7** Mangowürfel, Chili, Zwiebelwürfel, Tomaten und fein gehackten Koriander in einer Schüssel mischen, mit etwas Salz, Limettensaft, Ketjap Manis und Orangensaft verrühren. Maisküchlein mit Sambal und Korianderblättchen servieren.

♥ SANDWICH MAL ANDERS

Nordic SCONES

FÜR 6 STÜCK ♥♥♥♥♥♥	ZUTATEN	Salz	FÜR DEN BELAG:
	75 g vorgegarte Rote	75 g Butter	1 eingelegte Salzzitrone
ZUBEREITUNGSZEIT	Bete (vakuumverpackt)	(zimmerwarm)	(aus dem Glas, etwa 20 g)
35 Minuten,	175 g Weizenmehl	75 g grob geraspelter	5 Stängel Dill
ohne Abkühlzeit	1½ gestr. TL	Cheddarkäse	250 g körniger Frischkäse
BACKZEIT:	Dr. Oetker Backin	1 Ei (Größe L)	gem. schwarzer Pfeffer
etwa 18 Minuten	1 TL Senfpulver	2½–3 EL Buttermilch	6 Scheiben Graved Lachs
	Cayennepfeffer	2 EL Milch	(etwa 260 g)

Nährwerte pro Stück: Eiweiß: 22 g, Fett: 23 g, Kohlenhydrate: 26 g, Kilojoule: 1691, Kilokalorien: 404, BE: 2,0

1 Die Rote Bete in etwa ½ cm große Würfel schneiden. Den Backofen vorheizen. Ober-/Unterhitze: etwa 200 °C, Heißluft: etwa 180 °C. **2** Mehl mit Backpulver, Senfpulver, Cayennepfeffer und 1 Teelöffel Salz gut vermischen. Butter mit den Fingerspitzen so in die Mehlmischung einreiben, dass eine krümelige Textur entsteht. Den Käse untermischen. Ei mit Buttermilch verquirlen und mit einem Messer unterarbeiten. Rote Bete dazugeben. Die Zutaten mit den Händen kurz zu einem glatten Teig verkneten (der Teig sollte nicht mehr an der Schüssel kleben). **3** Den Teig auf der leicht bemehlten Arbeitsfläche zu einem etwa 2 ½ cm hohen Teigstück formen. Daraus 6 Kreise (Ø etwa 6 cm) ausstechen, auf ein Backblech (mit Backpapier belegt) legen und mit Milch bestreichen.

Das Backblech in den vorgeheizten Backofen schieben. Die Scones **etwa 18 Minuten backen**. **4** Die Scones mit dem Backpapier von dem Backblech auf einen Kuchenrost ziehen und erkalten lassen. **5** Für den Belag die Zitrone sehr klein schneiden. Dill abspülen und trocken tupfen. Von 3 Stängeln die Spitzen abzupfen und fein schneiden. Den körnigen Frischkäse mit den Zitronenstückchen und Dillspitzen verrühren. Den Frischkäse mit Salz und Pfeffer würzen. **6** Die Scones einmal waagerecht durchschneiden. Die Hälfte des Frischkäses auf den unteren Hälften verteilen, mit Lachs, nach Belieben zu einer Rose gelegt, belegen. Den restlichen Frischkäse und den restlichen Dill darauf verteilen, mit den oberen Hälften belegen. Die Scones sofort servieren.

WALNUSS-
KÄSE-CROSTINI
mit Pfeffer-Feigen

20 STÜCK	ZUTATEN	75 g getrocknete	Salz
	225 g Baguette	Soft-Feigen	gem. schwarzer Pfeffer
ZUBEREITUNGSZEIT	60 g Walnusskerne	200 g frische Feigen	200 g Blauschimmelkäse
35 Minuten,	7 EL Olivenöl	(etwa 5 Stück)	20 schöne
ohne Abkühlzeit	1 EL frische	4 EL flüssiger Honig	Basilikumblättchen
	Thymianblättchen	2 EL Balsamico-Essig	

Nährwerte pro Stück: Eiweiß: 4 g, Fett: 9 g, Kohlenhydrate: 13 g, Kilojoule: 601, Kilokalorien: 143, BE: 1,0

1 Den Backofengrill vorheizen. **2** Das Baguette in 20 etwa 1 cm dicke Scheiben schneiden. Die Baguettescheiben auf ein Backblech (mit Backpapier belegt) legen. **3** Walnusskerne, Olivenöl und abgespülte, trocken getupfte Thymianblättchen im Blitzhacker nicht zu fein hacken. Dann die Walnusspaste auf den Baguettescheiben verteilen. **4** Das Backblech unter den heißen Backofengrill (mittlere Schiene) schieben. Die Baguettescheiben in **etwa 3 Minuten goldbraun rösten**. **5** Die Crostini mit dem Backpapier von dem Backblech auf einen Kuchenrost ziehen und erkalten lassen. **6** Die getrockneten Soft-Feigen in sehr kleine Würfel schneiden. Die frischen Feigen abspülen, abtrocknen und ebenfalls in sehr kleine Würfel schneiden. Alle Feigenwürfel mit Honig und Balsamico-Essig mischen, mit etwas Salz und Pfeffer würzen. Den Käse in 20 kleine Spalten schneiden. **7** Das Pfeffer-Feigen-Kompott auf den Walnuss-Crostini verteilen. Jeweils 1 Käsespalte darauflegen. Die Basilikumblättchen abspülen und trocken tupfen. Die Crostini damit garnieren.

Gemüse-
FLATBREAD

6–8 PORTIONEN	ZUTATEN	225 ml lauwarmes Wasser	100 g Ricotta
	FÜR DEN TEIG:	2 EL Olivenöl	(ital. Frischkäse)
ZUBEREITUNGSZEIT	300 g Weizenmehl		10 g abgetropfte Kapern
45 Minuten	(Type 550)	FÜR DEN BELAG:	Salz
TEIGGEHZEIT:	1 TL Dr. Oetker Trocken-	75 g Fenchel	Pfeffer
etwa 90 Minuten	backhefe	½ rote Paprikaschote	50 g abgetropfter
BACKZEIT:	1 TL Salz	(100 g)	Mozzarella (möglichst
20–25 Minuten	1 EL fein gehackte frische	75 g Cocktailtomaten	Büffelmozzarella)
	Rosmarinnadeln	10 Basilikumblätter	25 g ger. Parmesan

Nährwerte pro Portion: Eiweiß: 9 g, Fett: 8 g, Kohlenhydrate: 34 g, Kilojoule: 1034, Kilokalorien: 247, BE: 3,0

1 Für den Teig Mehl in einer Rührschüssel mit Trockenbackhefe sorgfältig vermischen. Dann Salz und Rosmarin untermischen. Wasser und Olivenöl hinzugeben. Die Zutaten mit einem Mixer (Knethaken) zunächst kurz auf niedrigster, dann auf höchster Stufe in etwa 5 Minuten zu einem glatten Teig verarbeiten. Den Teig zugedeckt an einem warmen Ort etwa 90 Minuten gehen lassen. **2** Für den Belag den Fenchel putzen, abspülen und abtropfen lassen. Paprika entstielen, entkernen und die weißen Scheidewände entfernen. Schote abspülen und abtropfen lassen. Fenchel und Paprika in hauchdünne Scheiben hobeln. Tomaten abspülen, abtrocknen und jeweils in 3 Scheiben schneiden. Basilikum abspülen, trocken tupfen und grob zerschneiden. **3** Den Backofen vorheizen.

Ober-/Unterhitze: etwa 250 °C. **4** Den Teig in etwas Mehl wenden, nicht mehr durchkneten und sofort auf einem Backblech (gefettet, mit Backpapier belegt) zu einem etwa 1 cm dicken, ovalen Fladen formen. **5** Den Hefeteigfladen gleichmäßig mit Ricotta bestreichen, danach mit Basilikum und Kapern bestreuen. Fenchel, Paprika und Tomaten gleichmäßig darauf verteilen. **6** Das Flatbread mit Salz und Pfeffer bestreuen. Mozzarella klein zupfen, mit Parmesan auf dem Flatbread verteilen. Das Backblech in den vorheizten Backofen (unterste Schiene) schieben. Gemüse-Flatbread **20–25 Minuten backen**. **7** Das Backblech auf einen Kuchenrost stellen. Das Gemüse-Flatbread in 6–8 gleich große Stücke schneiden und am besten heiß servieren.

EDEL-SNACK

ERDBEEREN & BÜNDNER FLEISCH
mit Pfeffer-Meringues

FÜR 24 STÜCK	ZUTATEN	1 Eiweiß (Größe L)	AUSSERDEM:
	FÜR DIE	50 g Puderzucker	24 schöne, große
ZUBEREITUNGSZEIT	PFEFFER-MERINGUES:	1 TL Weißweinessig	Erdbeeren mit Grün
25 Minuten	½ gestr. TL abgetropfter		24 Scheiben Bündner
TROCKENZEIT:	grüner Pfeffer		Fleisch (75 g)
etwa 3 Stunden	(in Lake – aus dem Glas)		24 Zahnstocher

Nährwerte pro Stück: Eiweiß: 1 g, Fett: 0 g, Kohlenhydrate: 4 g, Kilojoule: 87, Kilokalorien: 21, BE: 0,5

1 Den Backofen vorheizen. Ober-/Unterhitze: etwa 90 °C, Heißluft: etwa 70 °C. **2** Für die Meringues Pfefferkörner in einem Sieb mit reichlich kaltem Wasser abspülen und gut abtropfen lassen. Pfefferkörner fein hacken. **3** Das Eiweiß mit einem Mixer (Rührstäbe) auf höchster Stufe so steif schlagen, dass ein Messerschnitt sichtbar bleibt. Nach und nach Puderzucker unterschlagen und so lange schlagen, bis der Eischnee stark glänzt. Zuletzt Essig und Pfeffer kurz unterschlagen. **4** Die Baisermasse in einen Gefrierbeutel füllen und eine etwa 2 cm große Spitze abschneiden. 24 ovale Häufchen auf ein Backblech (gefettet, mit Backpapier belegt) spritzen. Dabei etwas Abstand zwischen den Häufchen lassen. **5** Das Backblech in den vorgeheizten Backofen schieben. Die Meringues **etwa 3 Stunden trocknen lassen**. Dabei einen

Holzlöffel in die Backofentür stecken, damit die Feuchtigkeit aus dem Backofen entweichen kann. **6** Die Pfeffer-Meringues mit dem Backpapier von dem Backblech auf einen Kuchenrost ziehen und erkalten lassen. **7** Erdbeeren putzen, abspülen und gut trocken tupfen. Jede Erdbeere mit 1 Scheibe Bündner Fleisch umwickeln und mit 1 Zahnstocher feststecken. Die Erdbeeren mit den Pfeffer-Meringues anrichten.

Tipps: Die Pfeffer-Meringues können Sie bereits 2 Tage vor dem Servieren zubereiten. Bewahren Sie die Pfeffer-Meringues dann bis zur Verwendung in gut schließenden Blechdosen auf. Seien Sie bei der Pfeffermenge vorsichtig. Wenn Sie es nicht ganz so pfefferig mögen, nehmen Sie lieber etwas weniger Pfeffer.

SCHOKO-MANGO-STÄBCHEN

FÜR 40 STÜCK

ZUBEREITUNGSZEIT
80 Minuten, ohne
Gar- und Kühlzeit

ZUTATEN
1 reife Mango
(etwa 425 g)
500 g Äpfel, z. B. Boskop
40 ml Zitronensaft

135 g Zucker
½ EL Sonnenblumenöl

FÜR DEN GUSS:
100 g Edelbitter-Schoko-
lade (70 % Kakaoanteil)
15 g Schlagsahne
2 EL brauner Zucker

Nährwerte pro Stück: Eiweiß: 0 g, Fett: 1 g, Kohlenhydrate: 7 g, Kilojoule: 174, Kilokalorien: 42, BE: 0,5

1 Die Mango halbieren und das Fruchtfleisch vom Stein schneiden. Mango schälen. Das Fruchtfleisch in grobe Würfel schneiden. Äpfel schälen, vierteln, entkernen und grob würfeln. Mango- und Apfelwürfel mit dem Zitronensaft in einem Topf zugedeckt bei mittlerer Hitze etwa 1 Stunde weich kochen. Dabei ab und zu umrühren. **2** Dann die Früchte durch ein grobes Sieb passieren, mit dem Zucker verrühren und bei schwacher Hitze im offenen Topf etwa 2 ½ Stunden sehr dick einkochen lassen. Dabei gelegentlich, zum Schluss häufiger umrühren. Topf von der Kochstelle nehmen, Püree etwas abkühlen lassen. **3** Ein Backblech mit Sonnenblumenöl bestreichen und möglichst glatt mit Frischhaltefolie auslegen. Das lauwarme Püree darauf verteilen, mit einem Tortenheber glatt streichen und erkalten lassen. Dann mit Frischhaltefolie zugedeckt über Nacht in den

Kühlschrank stellen. **4** Die Püreeplatte mit einem scharfen Messer in Stäbchen (4 x 1 cm) schneiden. Diese zugedeckt in den Kühlschrank stellen. **5** Für den Guss die Schokolade in Stücke brechen, mit der Sahne in einem kleinen Topf im Wasserbad bei schwacher Hitze geschmeidig rühren, dann lauwarm abkühlen lassen. **6** Mango-Stäbchen etwa 3 Minuten bei Zimmertemperatur stehen lassen. Anschließend die Mango-Stäbchen am besten mit einer Pinzette oder einer Gabel in die Schokolade tauchen. Überschüssige Schokolade durch vorsichtiges Schütteln abtropfen lassen. Die Stäbchen auf Backpapier legen, mit dem Zucker bestreuen und die Schokolade fest werden lassen.

Tipp: Die Stäbchen sind in gut schließenden Dosen zwischen Lagen von Backpapier etwa 2 Wochen haltbar (kühl gestellt).

Hausbar-
BASICS

Passendes Equipment und beste Zutaten: So werden Mädels zu perfekten Barmaids.

DIE GLÄSER

- Weißwein- u. Rotweingläser für die unterschiedlichsten Drinks
- hitzebeständige u. Bowlengläser für Bowlen u. Heißgetränke
- Cocktailgläser/-schalen (flache, kelchförmige Stielgläser) für z. B. den Martini Cocktail
- Fancygläser (in Becher- oder Tulpenform) mit großem Volumen für Drinks mit viel Eis
- Tumbler (Becher- oder Whiskeygläser) mit dickem Boden, z. B. für den Mojito
- Longdrink- o. Highball-Gläser (große, seitlich gerade Tumbler) z. B. für den Sex on the Beach
- Sektkelche u. -flöten für z. B. den Hausbar-Clou

DAS WERKZEUG

- Shaker: Rührglas
- Barsieb (es gibt auch Shaker mit eingebautem Sieb im Deckel)
- Standmixer, Pürierstab u. evtl. Entsafter
- Stirrer: Rührstab
- Holzstößel zum Zerdrücken von Obststücken o. Minze
- Holzhammer o. Fleischklopfer u. Küchenhandtuch zum Zerkleinern von Eiswürfeln
- Eisbehälter u. Eiszange
- Messbecher o. Schnapsglas mit einer 2-cl-Markierung

DIE ZUTATEN

- Eiswürfel, grob zerstoßenes Eis u. crushed ice; Eis etwa 5 Minuten vor der Verwendung aus dem Gefrierfach nehmen, sonst ist es zu kalt, um die Kälte an den Drink abzugeben
- Fruchtsäfte aus 100 % Fruchtsaft o. frisch gepresst
- brauner Zucker und Rohrzucker
- Cream of Coconut
- Fruchtsirupe, u. a. Grenadinesirup, Limettensirup, Holunderblütensirup
- reiner Limettensaft u. Lime Juice (mit Wasser versetztes Limonadenkonzentrat aus Limettensaft u. Zucker)
- Mineralwasser (mit u. ohne Kohlensäure), Sodawasser, Tonic Water
- Ginger Ale u. Bitter Lemon
- Milchprodukte o. Ersatzprodukte wie Schlagsahne, Buttermilch, Milch, Mandel-, Hafer- o. Reisdrink

DIE GETRÄNKE (AUSWAHL)

- Wodka
- Rum (braun u. weiß)
- Gin
- Cachaça: brasilianischer Zuckerrohrschnaps
- Whiskey/Whisky (irische u. amerikanische Sorten werden mit „e" geschrieben, schottische u. kanadische ohne „e")
- Tequila
- Sekt
- Blue Curaçao (alkoholfrei als Sirup erhältlich)
- Aperol
- Rot- u. Weißwein
- Orangenlikör
- Batida de Côco
- LICOR 43
- Jägermeister
- Vermouth/Wermut, z. B. Martini
- Angostura Bitter zur Geschmacksabrundung von Drinks; sollte nicht pur getrunken werden
- Curaçao Triple Sec: farbloser Orangenlikör (mind. 30 Vol.-%)

Gut zu wissen:
WICHTIGE HINWEISE

ABKÜRZUNGEN

EL	=	Esslöffel	ml	=	Milliliter	TK	=	Tiefkühlprodukt
TL	=	Teelöffel	l	=	Liter	°C	=	Grad Celsius
Msp.	=	Messerspitze	evtl.	=	eventuell	Ø	=	Durchmesser
Mg	=	Milligramm	geh.	=	gehäuft	BE	=	Broteinheiten
g	=	Gramm	gestr.	=	gestrichen			
cl	=	Zentiliter	gem.	=	gemahlen			
		(1 cl = 10 ml)	ger.	=	gerieben			

Bei den Nährwertangaben in den Rezepten handelt es sich um auf- bzw. abgerundete ganze Werte. Lediglich die Broteinheiten werden in 0,5er-Schritten mit einer Stelle nach dem Komma angegeben. Aufgrund von ständigen Rohstoffschwankungen und/oder Rezepturveränderungen bei Lebensmitteln, kann es zu Abweichungen kommen. Die Nährwertangaben dienen daher lediglich Ihrer Orientierung und eignen sich nur bedingt für die Berechnung eines Diätplans, zum Beispiel bei Krankheiten wie Diabetes. Bei krankheitsbedingten Diäten richten Sie sich daher bitte nach den Anweisungen Ihres Diätassistenten bzw. Ihres Arztes.

ERST LESEN – DANN STARTEN
Lesen Sie bitte vor der Zubereitung – besser noch vor dem Einkaufen – das Rezept einmal vollständig durch. Oft werden Arbeitsabläufe oder -zusammenhänge dann klarer.

EINS NACH DEM ANDEREN
Die Zutaten sind in der Reihenfolge ihrer Verarbeitung aufgeführt. Die Arbeitsschritte sind einzeln hervorgehoben, in der Reihenfolge, in der wir sie ausprobiert haben.

DAS OPTIMALE TIMING
Die Zubereitungszeit ist ein Anhaltswert für die Dauer der Vorbereitung und die eigentliche Zubereitung. Längere Wartezeiten wie Kühl- oder Abkühlzeiten, Auftau- und Durchziehzeiten sind, sofern parallel keine weitere Tätigkeit erfolgt, nicht mit einbezogen. Die Gar- und Backzeiten sind ebenfalls im Rezept angegeben.

DIE RICHTIGE EINSTELLUNG
Die in den Rezepten angegebenen Gar- und Backtemperaturen sowie -zeiten sind Richtwerte, die je nach individueller Hitzeleistung des Backofens über- oder unterschritten werden können. Die Temperaturangaben in diesem Buch beziehen sich auf Elektrobacköfen. Die Möglichkeiten der Temperatureinstellung für Gasbacköfen variieren je nach Hersteller, sodass wir keine allgemeingültigen Angaben machen können. Bitte beachten Sie deshalb bei der Einstellung des Backofens die Gebrauchsanweisung des Herstellers. Ein Backofenthermometer eignet sich dabei gut, um die Backofentemperatur im Blick zu haben.

NICHT VERGESSEN!
Mixgetränke müssen kalt sein, achten Sie deshalb darauf, dass sowohl das Glas als auch größere Flüssigkeitsmengen, die zugegeben werden (z. B. Saft, Limonaden, Sekt) gut gekühlt sind. Je nach verwendeter Spirituosenmarke kann die Farbe der fertigen Drinks schwanken. Waschen Sie Obst, das Sie verwenden wollen, gründlich unter lauwarmem Wasser ab.

Kapitel
REGISTER

Alphabetisches
REGISTER

UNSER RATGEBER- UND SERVICE-TELEFON

Wünsche und Anregungen sind uns willkommen!
Haben Sie Fragen? Benötigen Sie Hilfe bei der Zubereitung der Rezepte oder möchten Sie uns etwas mitteilen? Die Mitarbeiter des Dr. Oetker Verlages und des Verbraucherservices der Dr. Oetker Versuchsküche beantworten Ihre Frage gern.

Versuchsküche: **Tel. 0 08 00 71 72 73 74**
Mo.–Fr. 8:00–18:00 Uhr
(gebührenfrei in Deutschland)

Dr. Oetker Verlag: **Tel. +49 (0) 521 52 06 42**
Mo.–Fr. 9:00–15:00 Uhr

Dr. Oetker Verlag KG, Am Bach 11, 33602 Bielefeld
www.oetker-verlag.de | www.facebook.com/Dr.OetkerVerlag | www.oetker.de

Umwelthinweis

Dieses Buch und der Einband wurden auf FSC®-zertifiziertem, chlorfrei gebleichtem Papier gedruckt. Die Einschrumpffolie – zum Schutz vor Verschmutzung – ist aus umweltfreundlichem und recyclingfähigem PE-Material.

MIX
Papier aus verantwortungsvollen Quellen
FSC
www.fsc.org
FSC® C004592

Copyright

© 2015 by Dr. Oetker Verlag KG, Bielefeld

Redaktion
Rezeptfotos

Christina Langner
Walter Cimbal, Hamburg (S. 95)
Fotostudio Diercks: Thomas Diercks, Christiane Krüger, Kai Boxhammer – Hamburg (S. 9, 13, 15, 27, 29, 41, 83, 91, 101–113, 117, 121)
Eising Studio Food Photo & Video, München (S. 59)
Janne Peters, Hamburg (S. 115, 119, 123)
Antje Plewinski, Berlin (S. 16/17, 23, 33, 39, 43, 45, 57, 79, 85–89, 93)
Anke Politt, Hamburg (S. 10/11, 21, 25, 34/35, 37, 51–55, 61–75, 81)
Hans-Joachim Schmidt, Hamburg (S. 99)
Axel Struwe, Bielefeld (S. 19, 31, 47)

Vorwort- und Aufmacherfotos

Axl Images/Getty Images (S. 76/77)
Blend Images Photography/veer.com (S.6/7)
©istock.com/webphotographeer (S.96/97)
Jamie Grill/Getty Images (S. 4/5)
OJO Images Photography/veer.com (S. 48/49)

Rezeptentwicklung
Foodstyling

Sarah Trenkle, Hamburg
Diane Dittmer, Hamburg

Titelfoto
Nährwertberechnungen
Texte & Ratgeber
Grafisches Konzept und Gestaltung
Satz
Reproduktionen
Druck und Bindung

Fotostudio Diercks, Hamburg
Nutri Service, Hennef
Klaus Schäfer, Bonn
BCW Gesellschaft für Kommunikation, Hamburg
JUNFERMANN Druck & Service GmbH & Co. KG, Paderborn
Longo AG, Bozen, Italien
Firmengruppe APPL, aprinta Druck, Wemding

ISBN: 978-3-7670-1029-1